KB214726

NEXT WAVE

나가올 미래의 예배를 준비하라

예배의 다음 파도

BOB SORGE

예배는 우리에게 주어진 가장 중요한 부르심이자 가장 큰 특권이다. 밥 소르기는 이 책에서 하나님이 예배의 다음 파도를 통해 어떻게 역사하실지 분명하게 보여준다. 이 책 전체에 예배 운동의 역사와 함께한 저자의 예언적 통찰력이 가득하다. 모든 사람이 읽어야 한다!

빌 존슨 캘리포니아 레딩, 베델 교회 담임목사

예배의 다음 파도는 정말 놀라운 책이다! 이 책이 나에게 준 영향을 어떻게 표현할 수 있을까? 나는 모든 예배인도자가 이 책을 반드시 읽어야 한다고 생각한다. 성령님은 이 책을 통해 미래를 향한 희망을 주신다. 이 책이 교회 전체에 널리 읽혀서 예배의 참된 목적이 주님의 임재라는 것을 깨닫기를 바란다.

캐런 휘튼 앨라배마 해밀턴, RAMP 창립자 겸 수석목사

하나님은 내 친구 밥 소르기에게 그리스도의 몸 된 교회가 반드시 들어야 하는 귀한 음성을 주셨다. 당신이 이 책을 읽으면 하나님이 오늘날 우리 예배 운동을 어디로 이끄시는지 깨달을 것이다. 성령님이 일으키실 새로운 예배의 파도를 타자!

윌리엄 맥도웰 플로리다 올랜도, 디퍼 펠로십 교회 담임목사, 예배인도자, 작곡자

나는 주님이 이 시대의 지도자들이 준비할 수 있도록 밥 소르기를 예비하셨다고 믿는다. 이 책은 지난 시기의 불확실한 것을 다루는 데 도움을 줄 뿐 아니라 다가올 예배의 파도를 향한 새로운 소망과 기대를 품도록 돕는다.

단테 보우 베델 뮤직 작곡가 겸 예배인도자

밥 소르기는 내가 아는 누구보다 예배에 특별한 마음이 있는 사람이다. 밥은 그리스도의 신부에게 하나님을 향한 예배가 얼마나 가치 있는 일인지 깨닫도록 촉구하고 헌신했으며 교회의 예배 문화와 흐름에 관한 깊은 통찰력으로 우리에게 꼭 필요한 사실을 알려준다. 우리는 세상이 어떻게 변하든 찬양이라는 강력한 무기를 사용해야 하며, 항상 성령님의 새로운 파도를 탈 준비를 해야 한다.

리타 스프링어 예배인도자

밥 소르기는 내 영적인 아버지이며 멘토이자 소중한 친구이다. 밥이 과거에 쓴 글들은 나에게 큰 영감을 주었으며 내가 영적으로 무장하는 데 큰 도움을 주었다. 밥의 새로운 책 예배의 다음 파도는 지금 시대에 매우 중요하고 신선한 예배의 통찰력을 제공한다. 이제 여러분은 이 책을 통해 어두운 세상에서 그리스도를 따르면서 다른 사람을 이끌 준비를 하게 될 것이다.

제프 데요 노스캐롤라이나 센트럴 대학교 예배학 교수
SPARK: A Comprehensive Handbook on Worship Leader의 저자

지난 수년간 예배 공동체를 향한 밥 소르기의 메시지는 매우 가치 있고 중요한 것이었다. 밥은 이 책을 통해 우리에게 지난 60년간의 교회 예배 역사를 깔끔하고 통찰력 있게 정리하여 보여준다. 각 시대의 예배 모습과 사건, 발전상을 밥 소르기처럼 정리할 수 있는 사람이 있을까? 이 책은 교회의 예배가 나아갈 방향을 담대하게 제시한다. 모든 예배인도자가 이 책을 읽어야 한다.

케일럽 컬버 Reckless Love의 공동작곡가

밥 소르기는 현대 예배와 기도 운동을 세우는 데 큰 영향을 미쳤다. 밥의 가르침과 책은 지난 수년간 많은 예배인도자와 연주자들에게 명확한 성경적인 기준과 확신을 주었다. 저자는 이 책을 통해 우리가 하나님이 과거에 하신 일을 이해하고 다가올 예배의 파도를 준비하도록 돕는다. 밥 소르기의 사역이 우리 어퍼룸에 미친 큰 영향력에 깊은 감사를 표한다.

마이클 밀러 어퍼룸 댈러스 담임목사

밥 소르기의 새로운 책, 예배의 다음 파도가 내 영혼을 깊이 흔들어 놓았다. 밥은 이 시대의 예배자들에게 하나님의 임재로 깊이 파고들어 가서 더 큰 영광을 추구하라고 도전한다. 이제 우리는 예수님과 하나님 나라에 더 큰 사랑으로 헌신하기 위한 실체를 나아갈 하나님의 임재를 구해야 한다.

제이크 스테모 캔자스 위치토, Presence Worship

밥 소르기가 예배의 여정에서 발견하고 경험한 진리를 기록한 많은 책을 통해 제 삶은 꾸준한 영향을 받았습니다. 그의 새로운 책, "예배의 다음 파도"는 과거와 현재 그리고 미래에 항상 일하시는 성령 하나님을 깊이 묵상하도록 도와줍니다. 이 책은 함께 예배하는 회중이 하나님의 임재를 경험하고 그분의 영광을 볼 수 있기를 간절히 소망하는 예배인도자들의 마음을 뜨겁게 할 것입니다.

염민규 간사 예수전도단 화요모임 예배인도자

ACKNOWLEDGMENTS

감사의 글

나와 함께 기도하고 고민하면서 하나님이 우리 예배를 어디로 이끄시는지 전해준 친구들의 귀한 조언과 의견이 이 책을 쓰는 데 큰 도움이 됐다. 나는 이 책의 주제를 놓고 함께 고민한 친구들에게 깊은 감사를 표한다.

Caleb Culver, Tim Fortin, Chris Abke, Diatra Langford, Chris DuPre, Clayton Brooks, David Forlu, David Lugo, Dick Grout, Jaye Thomas, Katie Reed, Laura Souguellis, Mary Alessi, Rita Springer, Emma Hawthorne, Jake Stemo, Alan Goke, Matthew Penner, Chris Tofilon, Justin Rizzo, Will Riddle, Zac Dinsmore, Brenton Dowdy, Mark Hendrickson, J.D. King, Josh Sullivan, Drew Smith, Ruben Cervantes.

역사상 가장 크고 강력한 파도를 타기 위해 나와 함께 하는 모든 예배 공동체와 친구들을 생각하며 하나님께 진심으로 감사드린다. 우리는 이전에 경험한 적 없는 성령님의 가장 큰 파도를 함께 탈 것이다.

한국어판 서문

이 책의 한국어판이 나와서 정말 기쁩니다!

나는 이 책을 내면서 좋은 제목을 붙이기 위해 노력했습니다. 처음에는 제목을 "회중의 노래"로 정하려고 했습니다. 이 책에서 설명하는 많은 이유로 교회 예배에서 회중의 노래가 강단의 노래로 바뀌었습니다. 하지만 나는 다시 한번 하나님이 우리를 예배의 궁극적인 목적으로 이끄셔서 거룩한 예배의 처소를 강단의 노래가 아닌 회중의 노래로 가득 채우실 것을 확신합니다.

그만큼 회중의 노래는 이 책에서 매우 중요한 주제이지만 결국 최종 제목을 "예배의 다음 파도"로 정했습니다. 이 책 전체의 내용이 파도처럼 몰려올 다음 예배 운동의 모습과 내용을 설명할 뿐만 아니라 바다의 파도 자체가 예배 중에 운행하시는 성령님의 역사하심과 비슷하며 자연스럽게 파도타기를 떠오르게 합니다.

파도타기는 예배 사역과 비슷한 점이 많이 있습니다. 회중 예배에서 우리는 항상 성령님의 움직임을 포착하려고 노력합니다. 우리는 회중 예배에서 주님이 하시는 일을 분별하여 성령님의 파도를 타고 해안가 - 지성소까지 가기를 원합니다!

여러분은 이 책에서 내가 지난 60년간 개인적으로 경험한 예배 운동이 어떤 모습이었는지 볼 수 있을 것입니다. 비록 내가 경험한 예배의 모습과 여러분이 한국에서 경험한 예배의 모습이 다르겠지만, 내가 이 책에서 제시하는 예배의 원리에는 대부분 공감하실 겁니다. 문화는 동서양이 차이가 있지만 예배를 향한 하나님의 진리와 방법은 문화를 뛰어넘기 때문입니다.

이 책을 통해 여러분이 다음 10년간 한국에 임할 예배의 다음 파도를 붙들 수 있는 새로운 예배의 비전을 받도록 주님이 도우실 것입니다. 하나님의 축복이 함께하시기를 바랍니다!

2023. 5. 13. 밥 소르기

NEXT WAVE

WORSHIP IN A NEW ERA

CONTENTS

목 차

NEXT WAVE

WORSHIP IN A NEW ERA

| 일 러 두 기 |

- 원서는 성경을 인용할 때 뉴 킹제임스 성경을 사용했으며, 이 책에서는 한글 성경 개역
개정판을 기준으로 필요에 따라 다양한 한글 역본을 사용 후 표기하였습니다.

- 원서는 북미 지역의 문화를 기반으로 하기 때문에 내용 중 일부가 생소하게 느껴질 수
있습니다.

1장

하나님은 우리 예배를
어디로 이끄시는가?

이번 장의 제목이 내가 이 책에서 다룰 핵심 질문이다. 나뿐만 아니라 수많은 사람이 이 질문의 답을 궁금해한다!

2020년에 시작해서 전 세계에 큰 충격을 준 코로나 팬데믹은 우리가 사는 세상이 결코 예전 모습으로 돌아갈 수 없다는 깨달음을 주었다. 세계의 변화 속도가 가파르게 상승하면서 교회와 예배를 포함한 모든 분야에 사실상 새로운 시대가 열렸다. 나는 코로나 팬데믹 때문에 전 세계의 거의 모든 교회가 문을 닫는 충격적인 모습을 지켜보면서 말라기 1:10의 말씀이 떠올랐다.

> 만군의 여호와가 이르노라 너희가 내 제단 위에 헛되이 불사르지 못하게 하기 위하여 너희 중에 성전 문을 닫을 자가 있었으면 좋겠도다 내가 너희를 기뻐하지 아니하며 너희가 손으로 드리는 것을 받지도 아니하리라 (말 1:10)

하나님이 교회의 문을 닫으시는 것을 보면서 나는 "주님, 우리가 드리는 예배에 말씀하실 것이 있으십니까?"라고 질문할 수밖에 없었다. 많은 교회가 전염병 때문에 문을 닫자 교회 지도자들은 온라인이라는 선택지가 있다는 사실에 감사하며 예배를 온라인으로 전환했다. 전에는 같이 예배할 수 없었던 수많은 사람이 온라인으로 같이 예배할 수 있다는 점이 큰 혜택으로 여겨졌다.

그러나 우리는 질문해야 한다. 과연 온라인 예배는 얼마나 효과적일까? 글쎄, 나는 설교의 경우 온라인 청중에게도 강력한 방식으로 영향을 미칠 수 있다고 인정한다. 하지만 예배는 다르다.[1] 예배자들이 현장에 함께 모여 찬양하는 것과 온라인으로 찬양하는 모습을 지켜보는 것은 매우 다르다. 온라인으로 지켜보는 예배는 남의 일처럼 멀게 느껴지고 집중하기 힘들며 재미없고 싱겁게 느껴지기도 한다.

결과적으로 지역 교회의 모든 사역 중에 팬데믹 때문에 가장 큰 영향을 받은 것은 역시나 회중 예배 CORPORATE WORSHIP 이다.

이제 우리 예배는 어떤 방향으로 흘러갈까?

우리가 지난 60년간 교회의 예배 표현을 돌아보면 깜짝 놀랄 만큼 크게 변한 것을 알 수 있다. 예배의 변화가 정말 크기 때문에 믿기 어려울 정도라서 말 그대로 회중 예배에 대격변이 일어났다고 해도 과언이 아니다. 교회의 예배가 이렇게 짧은 기간에 큰 변화를 겪은 것은 역사상 처음 있는 일이다.

---

1. 저자는 설교 중심의 예배 SERVICE 와 음악과 노래로 이루어진 찬양으로 드리는 예배 WORSHIP 를 구분한다.

우리는 인간적인 예측과 상상으로 알 수 없는 하나님의 장엄한 드라마의 한가운데 서 있으며, 앞으로 이 이야기가 어디로 흘러갈지 알기 원한다. 나는 지금 하나님이 성령님의 새로운 파도로 교회를 방문하여 모든 육체가 함께 하나님의 영광을 보며 전 세계적인 추수로 수많은 영혼을 하나님 나라로 돌이키기 위해 교회를 준비시키는 중이라고 믿는다(사 40:5; 욜 2:28; 마 24:14; 롬 11:12~15). 이 일들은 마치 늦은 비의 추수와 같을 것이다(약 5:7).

교회를 향해 다가오는 새로운 파도는 우리 예배에 어떤 영향을 미칠까? 나는 이 질문의 답을 찾는 여정에 여러분을 초대한다. 하나님은 우리가 주님이 이끄시는 방향과 목적지를 알기 원하신다. 왜냐하면 우리가 비록 부분적이라도 하나님이 이끄시는 길을 알면 주님의 은혜에 협력하며 부르심의 상급을 향해 달려갈 수 있기 때문이다.

나는 하나님의 말씀을 바탕으로 우리가 어디를 향해 가고 있는지 몇 가지 지표를 제시하려고 한다. 하지만 앞을 내다보기 전에 먼저 뒤를 돌아봐야 한다. 왜냐하면 우리가 어디에서 왔는지 이해하지 못하면 앞으로 나아갈 방향도 알 수 없기 때문이다. 우리가 과거를 돌아보며 감사할 때 앞을 향해 나아갈 기반을 놓는다. "어제"는 우리가 "내일"을 대비하고 맞이하도록 돕는다.

나는 64세에 이 책을 출간했다. 나는 1957년 서부 캐나다에서 목회자의 자녀로 태어났으며 뉴욕 북부에서 성장했다. 어떤 의미에서 나는 평생 교회에서 자랐으며 교회의 제일 앞자리에서 지난 60년간 일어난 예배의 변화를 가장 가까이에서 실시간으로 지켜보았다. 그래서 나는 내가 직접 경험한 예배의 변화를 설명하는 것으로 이 책을 시작하고 싶다.

물론 내가 지금까지 지켜본 지난 60년의 역사는 매우 주관적이고 좁다는 것을 안다. 아마도 세계 다른 곳에서는 내가 경험한 것과 또 다른 모습으로 예배했을 것이다. 예를 들면 아프리카나 아시아에서는 분명 내가 이 책에 저술한 것과 다른 모습으로 예배했을 것이다. 또 이 책을 읽는 몇몇 독자의 경험도 나와 매우 다르리라 생각한다. 그저 나는 최선을 다해 내가 경험한 지난 60여 년간 북미 대륙의 회중 예배가 어떻게 변했는지 설명할 것이다.

우리는 지난 60년간의 예배를 탐구하며 이 책을 시작한다. 이 탐구가 중요한 이유는 다음과 같다.

1. 과거의 역사는 언제나 우리가 앞으로 나아가야 할 길을 제시하는 데 큰 도움을 주는 본보기로 가득하다(고전 10:6).

2. 오늘날의 많은 예배자, 특히 청소년 - 청년 세대는 지난 60년간 예배가 어떻게 발전하고 변화했는지 잘 모른다. 이 책을 읽는 독자는 대부분 나처럼 긴 시간 동안 교회 예배가 바뀌는 모습을 보지 못했기 때문에 지나온 교회 예배의 흥미로운 역사와 흐름을 통해 현재 예배를 이해하는 데 큰 도움을 받을 것이다.

3. 지난 시기의 예배는 앞으로 다가올 예배에 흔적과 특징을 남긴다. 나는 여러분이 이 흔적과 특징을 볼 수 있도록 최선을 다할 것이다.

그러므로 나는 여러분이 이 책을 맨 뒤의 결론부터 읽거나 부분부분 읽기보다는 맨 앞부터 순서대로 읽기를 권면한다. 앞에서부터 차례대로 모든 장을 읽으면 이 책의 결론을 더 분명하게 이해할 수 있을 것이다. 장마다 매우 재미있고 흥미로운 이야기가 가득하다! 또 각 장의 마지막에 소그룹 나눔을 위한 질문을 수록했다. 여러분의 소그룹 모임에 이 책이 도움이 되기를 바란다.

이제 여정을 시작하자.

내 어린 시절, 1960년대로 돌아가 당시 회중 예배는 어떤 모습이었는지 함께 보자.

파도 타는 사람들을 위한 질문

1. 코로나 바이러스가 지역 교회의 예배에 어떤 영향을 끼쳤다고 생각하는가? 여러분의 교회에는 어떤 영향을 끼쳤는가?

2. 다가올 수십 년을 내다볼 때, 하나님이 그리스도의 몸 된 교회의 예배를 어디로 이끄실 것으로 생각하는가? 함께 나누어 보라.

NEXT WAVE

WORSHIP IN A NEW ERA

2장

1960년대의 예배

1960년대만 해도 거의 모든 교회 강단에는 오직 피아노만 있었다. 간혹 일부 교회가 강단 양쪽 끝에 피아노와 오르간을 두고 함께 사용했다. 당시 교회에는 흔한 통기타뿐만 아니라 악기 자체가 드물었으며 악기를 연주할 수 있는 연주자도 드물었다. 교회에 피아노와 오르간 중 하나라도 연주할 수 있는 사람이 있으면 그나마 다행이었으며 한 예배에 두 명 이상의 연주자가 있는 교회는 거의 없었다.

내 어머니는 우리가 살던 지역에서 집회와 수련회가 열릴 때마다 연주 요청이 몰려올 정도로 피아노와 오르간을 모두 연주할 수 있는 탁월한 연주자였다. 어머니는 두 아들에게 복음성가 스타일의 피아노 연주 재능을 물려주셨다.

어느 날 어머니가 나에게 말씀하셨다. "아들아, 이제부터 네가 교회에서 피아노를 연주하거라." 나는 즉시 불평했다. "엄마! 난 피아노를 칠 줄 몰라요." 하지만 내 불평은 어머니에게 아무 의미 없었다. 나는 어머니를 말로 이길 수 없었기 때문에 결국 주일에 피아노 앞에 앉았고, 어머니는 오르간을 연주하셨다. 어머니는 오르간 페달을 힘 있게 밟으며 모든 곡을 질주하듯 연주하셨다.

나는 예배 시간 내내 오르간 맞은편 피아노에 앉아서 어머니의 연주를 따라잡으려고 애썼다. 그날 내 연주는 말로 표현할 수 없을 만큼 부끄러운 수준이었기 때문에 예배가 끝날 때쯤 이미 나는 속이 상할 대로 상해 있었다. 주일 예배를 마치고 곧장 집으로 돌아와 미친 듯이 피아노를 연습했다. 나는 교회에서 어머니에게 피아노 연주법을 배웠다.

당시에는 교회에 노래 예배^{SONG SERVICES}라는 시간이 있었으며 노래 인도자가 노래를 인도했다. 우리 교회에서는 집사님 한 분이 노래인도자로 섬겼다. 회중의 투표로 교회를 섬기는 집사로 임명받으면 반드시 몇 주마다 한 번씩 노래를 인도해야 했다. 음악 실력은 전혀 필요하지 않았다. 왜냐하면 노래인도자가 하는 유일한 일은 찬송가 번호를 불러 주는 것이기 때문이다. "자, 다 같이 찬송가 79장을 펴시고 1절, 2절, 4절을 부르겠습니다."라고 말하면 피아노나 오르간이 연주를 시작했다.

1960년대 비예전적^{NON-LITURGICAL} 교회 대부분이 비슷한 형태의 예배를 드렸으며 교단이 달라도 예배 형식에 큰 차이가 없었다. 오순절, 성결교, 침례교, 나사렛성결교, 얼라이언스 교단, 아프리카 감리교 성공회, 구세군, 웨슬리안 감리교, 복음주의 자유교회, 메노나이트 등 어떤 교파에 속한 교회라도 찬송가 4곡을 불렀다.

당시의 찬송가는 2개 이상의 절과 후렴으로 이루어져 있으며 찬송가만 별도로 모아놓은 두꺼운 노래책을 인쇄해서 회중에게 한 권씩 제공했다. 노래책에 수록한 모든 찬송가마다 곡 번호가 있었기 때문에 노래인도자의 역할은 몇 번 찬송가에서 몇 절을 부를지 알려주는 것이었다.

첫 번째 찬송가를 부르면 노래인도자가 이렇게 말했다. "이제 찬송가 234장의 1절과 2절, 4절을 부르겠습니다." 두 번째 찬송가를 부르고 나서 세 번째 찬송가 번호를 알려준다. 세 번째 찬송가를 다 부르면 마지막 곡 번호를 알려준다. "찬송가 606장을 펴시겠습니다." 네 번째 찬송가를 마치고 모든 성도가 자리에 앉으면 광고를 하고 헌금을 하거나 특송을 연주했다.

1960년대에 아주 많이 부른 찬송가 한 곡을 소개한다. 로마 가톨릭, 루터교, 혹은 성공회처럼 긴 역사가 있는 교회를 제외하고 노래 예배를 드리는 교회 대부분이 이런 찬송가 4곡을 불렀다.

「예수로 나의 구주 삼고」

예수로 나의 구주 삼고
성령과 피로써 거듭나니
이 세상에서 내 영혼이
하늘의 영광 누리도다.

이것이 나의 간증이요
이것이 나의 찬송일세
나 사는 동안 끊임없이
구주를 찬송하리로다.

나는 어린 시절 전통적인 오순절 교회에서 성장했다. 우리 교회는 4곡의 찬송가를 부른 후, 다른 교회에서는 찾아볼 수 없는 시간이 있었다. 다 같이 "후렴찬양^{CHORUSES}"을 부르는 시간이었다.

후렴찬양은 무엇인가? 쉽게 말하면 절 없이 후렴으로만 4마디에서 8마디로 이루어진 짧은 찬양을 말한다. 우리는 찬송가 4곡을 부른 후 후렴찬양 1곡을 부르면서 노래 예배를 마쳤는데, 고전적인 찬송가와 달리 후렴찬양은 보통 동시대적인 음악이었으며 회중은 열정적인 분위기로 노래했다.

1960년대에 우리가 즐겨 부른 후렴찬양이 어떤 느낌인지 이해할 수 있도록 제목을 소개하겠다. 아마 여러분이 잘 아는 곡이 있을지도 모른다.

■ 「눈을 주님께 돌려」^{HELEN HOWARTH LEMMEL, 1922}

■ 「Oh the Blood of Jesus, It Washes White as Snow」^{작자미상}

■ 「주님 뜻대로 살기로 했네」^{SADHU SUNDAR SINGH}

■ 「살아계신 성령님」^{DANIEL IVERSON, 1926}

찬송가 4곡과 후렴찬양 1곡 - 이것이 1960년대 교회 주일 아침 예배의 전통이었다. 이제 1970년대로 가보자.

파도 타는 사람들을 위한 질문

1. 당신에게 특별한 의미가 있는 찬송가가 있는가? 소그룹과 함께 나눌 수 있는 찬송가와 관련된 이야기가 있는가?

2. 노래인도자와 예배(찬양)인도자의 차이점은 무엇이라고 생각하는가?

3. 과거에 부른 후렴찬양 중에 오늘날 다시 부르면 좋겠다고 생각하는 곡이 있는가?

NEXT WAVE
WORSHIP IN A NEW ERA

3장

1970년대의 예배

1970년대는 OHP[1]의 시대였다.

1970년대 교회에는 성경 구절을 기반으로 한 "말씀 찬양[SCRIPTURE SONG]"이 급속도로 퍼졌다. 이 노래들은 고전 찬송가 책에는 없었기 때문에 회중이 따라 부를 수 있도록 가사를 사람들에게 보여줄 방법이 필요했으며, 해결책으로 OHP를 사용하여 가사를 예배실 벽이나 스크린에 투영했다. OHP는 말씀 찬양이 전 세계로 퍼지도록 도와준 도구였다.

말씀 찬양이 퍼지는 데 가장 큰 역할은 한 것은 갈보리 채플의 마라나타 뮤직[MARANATHA! MUSIC]이었다. 1971년에 척 스미스 목사가 설립한 마라나타 뮤직의 싱어 여러 명이 화음 없이 노래하는 말씀 찬양 앨범을 발매했고 전 세계로 퍼져나갔다. 내 친구 카렌 레퍼티는 「먼저 그 나라와」라는 당시 가장 유명한 말씀 찬양을 작곡했다. 1970년대에 많이 부른 또 다른 말씀 찬양은 「이날은 주가 지으신 주의 날일세」와 「감사함으로 그 문에 들어가며」였다.

---

1. Overhead Projector : 오버헤드 프로젝터, 대형 슬라이드에 투명 용지에 인쇄한 내용을 확대해서 투영하는 장치

이 흐름은 1960년대 후반에 히피족 사이에 경이로운 영혼의 추수를 보여준 예수 운동THE JESUS MOVEMENT과 은사주의 운동으로 발전했다. 은사주의 운동이 퍼지는 기간에 사실상 거의 모든 교단의 성도들이 성령 충만을 경험했다.

1970년대 은사주의 운동의 예배에 가장 돋보이는 특징은 "성령 안에서 노래하기SINGING IN THE SPIRIT" 혹은 "자유로운 예배FREE WORSHIP"였다. 내가 이것을 처음 경험한 순간을 나누고 싶다.

1970년에 나는 이제 막 10대 청소년이었다. 우리 가족은 캐나다 브리티시 컬럼비아의 해안가에 살았다. 여름 휴가철이 되어 우리 가족은 주님의 섭리로 시애틀 북부 지역에서 랠프 마호니 목사가 주최하는 World M.A.P라는 가족 수련회에 참석했다. 우리 가족이 집회 장소에 들어서자 마치 완전히 다른 세계에 온 것 같았다. 그때 나는 처음으로 "성령 안에서 노래하기"를 보았다. 내가 기억하는 모습은 이렇다.

찬양이 끝날 즈음 피아노 연주자가 서스테인 페달을 밟은 채 I 코드를[2] 누르면 회중의 목소리가 코드의 음을 이어받는다. 처음 회중의 노랫소리는 작고 부드럽지만, 점점 높아지기 시작해서 얼마 지나지 않아 모두 목청이 터질 듯이 노래한다. 집회 장소가 모든 사람이 주님께 각자의 노래를 올려드리는 모습으로 가득 찼다. 피아노나 오르간은 계속해서 화음이나 약간의 아르페지오 연주로 노래를 뒷받침했지만, 강단이나 악기가 아닌 회중의 노래에서 강력한 힘이 터져 나왔다.

---

2. I 코드는 각 조의 코드 그룹에서 첫 음, 근음을 의미하는 음악 용어이다. 예를 들어 C 장조의 노래에 해당하는 I 코드는 C 코드이다.

회중은 자신의 발성에 따라 누군가는 낮은음을, 누군가는 높은음을 부르며 목소리로 표현할 수 있는 모든 범위에서 동시에 즉흥적인 노래SPONTANEOUS SONG를 주님께 올려드렸다.

모든 회중이 각자의 목소리로 주님을 찬양할 때, 예배 장소의 공기는 마치 전류가 흐르는 것 같았다! 때때로 하나님의 임재가 정말 강하게 느껴졌으며 우리는 시편 22:3의 말씀대로 자기 백성의 찬양 중에 거하시는 하나님을 경험했다. 어떤 사람은 천사들의 노래를 들었다고 간증했다.

성령님이 직접 회중 속에 활력 있게 역사하시면서 각 사람에게서 억제할 수 없는 노래가 터져 나왔기 때문에 강단 위의 인도자들이 회중에게 찬양하라고 권면할 필요가 없었다. 자유로운 예배, 즉흥적인 찬양의 정점에서 회중의 노랫소리가 점점 커지는 크레센도의 순간은 마치 승리하신 그리스도가 나귀를 타고 예루살렘에 입성하실 때 울려 퍼진 찬양의 권능을 느끼게 했다.

이런 "자유로운 예배"가 시작할 때 몇몇 사람은 영어로 노래했고 다른 사람은 방언으로 노래했다. 알아들을 수 있는 말이든, 알아들을 수 없는 말이든 모든 사람의 노래가 하나 되어 마치 영광스러운 구름처럼 솟아올라 구분할 수 없는 언어로 된 노래처럼 들렸다. 모든 시선이 예수님께 향했기 때문에 아무도 주변 사람이 부르는 노래에 신경 쓰지 않았다.

자유로운 예배, 즉흥적인 찬양은 마치 바다의 파도처럼, 혹은 생명체의 숨결처럼 커졌다가 작아지며 넘쳐흐르듯 솟아오르다 내려앉았다. 한동안 회중이 노래를 지속하다 점차 작아진 후 집회 장소 전체가 조용해지면 갑자기 어디선가 한 사람이 소리 높여 노래를 부르면서 마치 성령의 바람을 타고 찬양의 날갯짓을 하듯 모든 회중의 노래가 높이 날아올랐다. 이런 방식으로 성령 안에서 노래하고 찬양하는 것이 커졌다 줄었다 하는 주기를 반복하면서 하나의 코드로 15분, 30분, 45분, 심지어 1시간씩 계속 성령 안에서 찬양하며 예배했다. 찬양이 멈추지 않았다!

이것이 주님을 향한 "회중의 노래"였다.

그러나 이렇게 놀라운 성령 안에서 노래하기가 안타깝게도 1970년대 그리스도의 몸 된 교회에 큰 분열을 일으켰다. 교회는 성령 안에서 노래하고 찬양하는 문화에 동의하며 함께 하는 교회와 그렇지 않은 교회로 나뉘었다. 과연 무엇 때문에 교회가 서로 논쟁하며 분열했을까? 바로 방언 때문이었다. 신약성경에서 초대 교회가 널리 경험한 "방언"은 다른 언어로 말하는 은사이다(행 2:2~4; 10:46; 19:6; 고전 12:10).

당시 많은 교회가 방언 은사를 인정하지 않았는데, "성령 안에서 노래하기"가 방언 은사와 형태적으로 매우 비슷했기 때문에 큰 반감이 일어났다. 방언 은사의 논란 때문에 많은 교회가 은사주의 운동의 "성령 안에서 노래하기"라는 새로운 예배 형태에 동참하지 않기로 하고 결국 교회 예배는 두 진영으로 나뉘었다.

어떻게 하면 이 두 진영을 확실하게 구분할 수 있을까? 이것은 간단한 문제가 아니다. 오순절 교단뿐만 아니라 다양한 교단에 속해서 은사주의 운동을 하는 교회들이 성령 안에서 노래하기와 방언 은사에 열려 있었기 때문이다.

은사주의 운동에는 은사주의 가톨릭, 루터교, 성공회, 장로교, 침례교, 감리교 등 여러 교단과 교파가 존재했다. 몇몇 성도는 은사주의 집회에서 방언 은사를 경험한 후 자신이 다니던 교회를 떠나 방언의 은사를 인정하는 교회를 찾아 나서야 했다.

또 다른 진영은 방언 은사를 인정하지 않는 교회들이었다. 이 교회들은 은사주의 운동에 참여하는 데 거부감이 있거나 아예 관심이 없었으며 1960년대의 예배 형태를 계속해서 유지했다. 몇몇 교회는 말씀 찬양을 부르기도 했지만 대부분 "4곡의 찬송가 형태"에 머물렀다.

나는 이 책을 읽는 독자들과 원활한 의사소통을 위해서 위의 두 진영에 각각 이름을 붙이려고 한다. 몇몇 독자는 이것을 불쾌하게 생각할지도 모른다. 하지만 나는 누구도 불쾌하게 하려는 의도가 없으며 그저 의미를 전달할 수 있는 단어를 사용하려는 것이다. 어떤 이름도 각각의 진영을 올바르고 정확하게 묘사하는 데 한계가 있다. 복음주의 교회, 역사적 교회, 전통 교회와 비전통 교회, 예전적 교회와 비예전적 교회 등 어떤 단어도 완벽하고 적당하게 두 진영을 묘사하는 데 한계가 있다. 부디 독자의 원활한 이해를 위한 나의 시도를 이해해 주기 바란다.

먼저 성령 안에서 노래하기를 인정하는 진영을 어떻게 부르면 좋을까? 나는 더 나은 단어가 없으므로 비록 이 이름이 몇몇 사람을 기분 나쁘게 하더라도 이 책에서 은사주의라고 부를 것이다. 예를 들어 몇몇 오순절 교회는 성령 안에서 노래하기를 실천하지만, 자신을 은사주의라고 부르는 것을 싫어한다. 그러므로 은사주의라는 단어는 많은 부분에서 부족한 점이 있지만 내가 아는 단어 중 가장 나은 것이기에 앞으로 이 책에서 계속 사용할 것이다.

성령 안에서 노래하기를 인정하지 않는 진영은 어떻게 불러야 할까? 이 진영 안에는 수많은 교단이 존재하기 때문에 하나의 단어로 완벽하게 부를 수 없지만 나는 장로교(원서에는 침례교)라고 표현하고 싶다. 사실 이 진영에 속한 많은 교회가 실제로는 장로교가 아니기 때문에 이 이름이 적절하지 않다는 것을 나도 잘 안다. 하지만 더 좋은 명칭이 없으므로 나는 방언 은사를 거부하는 모든 교회를 한데 묶어 장로교 진영이라고 부를 것이다. 내 표현법의 약점과 한계를 이해해 주기 바란다.

1970년대에 은사주의와 장로교 사이에 큰 분열이 일어났다. 은사주의 진영은 자유로운 예배와 말씀 찬양을 부르는 예배로 나아갔고, 반면에 장로교는 1960년대 예배 형태인 찬송가 4곡을 부르는 예배에 머물렀다. 방언 은사가 1970년대에 그리스도의 몸에 얼마나 극단적인 분열을 일으킨 큰 문제였는지 현대의 성도들은 이해하기 어려울 것이다. 방언을 이해하는 신학적 견해 차이가 예수님을 사랑하는 많은 성도를 갈라놓았다. 따라서 결국 교회의 예배 형태는 두 흐름으로 나뉘었고 이 두 강물은 이후 30년간 서로 합쳐지지 않은 체 평행하게 흘렀다.

은사주의 진영에서는 말씀 찬양이 강력하게 퍼져나갔다. 1970년대를 대표하는 찬양 중 하나는 1975년에 피트 산체스가 작곡한 「나는 주를 높이리라」가 있다. 나는 아직도 1975년에 이 곡을 처음 들은 순간을 생생하게 기억한다. 이 노래를 부르자 주님의 임재가 정말 강력하게 역사했으며 찬양 중에 운행하시는 성령님의 권능이 나를 사로잡는 듯했다. 이 시대에 사랑받은 또 다른 곡은 로리 클라인이 작곡한 「사랑해요 목소리 높여」이다. 마라나타 뮤직이 이 노래를 전 세계에 알렸다.

정리하면, 1970년대 은사주의 진영의 예배는 주로 말씀 찬양 SCRIPTURE SONG과 회중이 이끄는 자유로운 예배FREE WORSHIP와 성령 안에서 노래하기SINGING IN THE SPIRIT라는 회중의 노래로 특징지을 수 있다.

이제 다음 장에서 1980년대의 예배를 살펴보자.

파도 타는 사람들을 위한 질문

1. 하나의 코드만 연주하며 성령 안에서 노래하는 1970년대 예배 형식을 경험한 적이 있는가? 어떤 느낌이었는가?

2. 방언 은사를 어떻게 생각하는가? 방언은 우리가 갈망할 은사인가 아니면 무시할 은사인가?

3. 소그룹 모임에서 코드 그룹의 근음 코드 하나로만 자유롭게 노래하는 형태의 예배를 자신 있게 인도할 수 있는가? 혹은 성령님의 인도하심에 의지하여 시도할 의향이 있는가?

NEXT WAVE
WORSHIP IN A NEW ERA

4장

1980년대의 예배

1980년대에 내가 경험한 예배 이야기를 나눠 보겠다.

1981년 8월, 나는 뉴욕 북부의 엘림 성경 대학에 음악 감독으로 부임했다. 음악 감독이라는 명칭은 당시 지역 교회에서 신자들의 음악과 예배 생활을 지도하는 사역자를 부르는 가장 일반적인 용어였다. 지금 우리에게 익숙한 예배인도자^{WORSHIP LEADER}라는 용어는 1980년대 기준으로 10년 후인 1990년대부터 널리 사용하기 시작했다.

나는 처음으로 음악 사역에서 정규직으로 일하기 시작했기 때문에 매우 기뻤다. 성경 대학의 음악 교육 과정을 검토하면서 나는 주님이 나에게 예배인도자를 양성하는 부르심을 주시는 것을 느꼈다. 당시에는 성경 대학에서 예배인도자를 양성한다는 생각 자체가 완전히 새로웠다. 왜냐하면 1981년에는 어디에도 예배인도자 훈련 양육 과정이 없었으며 그런 책도 없었기 때문이다. 나는 시중에 음악과 예배사역에 관한 책을 모두 사서 읽었지만, 예배인도자를 가르치고 훈련하는 책은 없었다.

음악 사역자를 대상으로 성가대를 지휘하고 교회 음악 부서를 운영하는 방법을 알려주는 책이 몇 권 있었지만, 주일 아침 예배에 4곡의 찬송가를 부르는 방법과 헌금 시간의 특송, 성탄절 같은 절기의 특별 뮤지컬 공연에 관한 내용이었다. 예배인도자를 위한 책과 자료가 없었기 때문에 나는 개인적인 경험과 여러 사역자에게서 얻을 수 있는 정보를 바탕으로 교육 과정을 짜기 시작했다. 열정적인 전임 강사로 일 한 첫해는 큰 열매 없이 지나갔다.

1982년 여름, 내 인생을 완전히 뒤바꾼 경험을 했다. 나는 디트로이트에서 음악 콘퍼런스가 열린다는 소식을 듣고 성경 대학의 교사로서 다른 사람이 흘린 이삭이라도 줍기를 원하는 마음으로 참석했다. 그 콘퍼런스의 이름은 "국제 예배 심포지엄"이었으며 1948년에 일어난 늦은 비 부흥에서 시작한 모임이었다. 집회 장소에 들어서는 순간 내 눈 앞에 펼쳐진 광경에 깜짝 놀랐다.

강단 위에는 트럼펫, 트롬본, 바이올린, 첼로, 클라리넷, 프렌치호른 등 큰 규모의 교향악단이 연주하고 있었다. 예배 장소는 이미 후끈거리는 열기와 열정으로 가득했으며 당시에 잘 알려진 노래와 새로운 노래로 예배를 시작했다. 노래와 노래 사이에는 종종 성령 안에서 새 노래를 부르는 시간으로 이어지곤 했다. 회중은 1970년대처럼 성령님 안에서 노래했고 교향악단이 든든히 받쳐주었다. 그런데 이곳에는 내가 이전에는 보지 못한 것이 있었다. 성령 안에서 노래할 때, 교향악단이 한 개의 코드만 연주하는 것이 아니라 몇 개의 코드로 이루어진 진행을 반복해서 연주하면 예배자들이 코드 변화에 맞추어 즉흥적으로 노래했다.

1970년대에 하나의 코드로만 연주하는 형식에 리듬과 다양한 코드 진행이 추가되었다. 나는 처음 보는 광경으로 온몸에 전기가 흐르는 것 같았다.

어떤 때는 리듬이 부드럽게 물 흐르듯이 흘렀고 때로는 전투적이며 활기가 넘쳤다. 때로는 모든 악기가 연주를 멈추고 리듬악기인 드럼과 콩가 등의 악기만 연주했는데, 그 순간 예배에 영적 전쟁의 분위기가 강하게 흘렀다. 그리고 조금 후에는 관악기와 현악기의 연주가 다시 시작되며 선율이 고조되었다.

다음으로 트럼펫 연주자가 마이크 가까이 다가가 정해진 악보 없이 예언적 연주를 시작하면 다른 모든 악기가 그 연주를 받쳐주었다. 트럼펫 연주가 예배자들의 마음에 하나님을 향한 불타는 사랑을 불러일으키자, 모든 회중이 다시 열광적으로 예배했다.

그 후 싱어 중 한 명이 나와 마이크를 잡고 예언적 노래를 선포했다. 예언적 노래의 가사는 보통 그리스도의 아름다움과 거룩함을 높이거나 주님의 자녀들을 향한 하나님의 사랑을 표현하는 내용이었다. 그 순간에 즉흥으로 예언적인 노래와 화답이 터져나왔다. 예언적인 노래와 예언적인 연주는 마치 불을 지피는 불쏘시개 같아서 예언적인 선포가 끝나자 회중 전체에 예수님을 향한 새로운 차원의 사랑과 열정이 폭발하듯 터져 나왔다.

교향악단의 코드 진행 연주가 예배자들에게 더 다양한 음악과 선율을 표현할 수 있는 길을 열었다. 모든 사람이 주님께 자기만의 노래를 불렀고, 인간의 목소리가 낼 수 있는 모든 범위에서 선율이 흘러나왔으며, 모든 사람이 동시에 즉흥으로 찬양했다.

1970년대의 자유로운 예배[FREE WORSHIP] 위에 리듬과 코드 진행이 더해진 1980년대의 새로운 형식은 예배에 창의성을 더하면서 감각적인 변화를 일으켰다. 1982년의 디트로이트 콘퍼런스는 나에게 영적 각성의 시간이었다. 나는 예배 운동이 시작한 것을 깨닫고 그 흐름에 뛰어들었다.

1983년, 나는 엘림 성경 대학에서 첫 예배 콘퍼런스를 기획하여 인도했다. 비슷한 집회가 미국 전역에서 마치 팝콘이 튀어 오르듯 열렸으며 거의 즉시, 다른 나라에도 퍼져서 전 세계에 예배 콘퍼런스가 열렸다. 예배 콘퍼런스의 등장은 1980년대의 새로운 현상이었다. 회중에게 새로운 불이 역사하기를 갈망하는 교회들은 예배 콘퍼런스에 예배팀을 보냈고 예배팀은 새로운 비전과 헌신을 품고 각자의 자리로 돌아왔다.

내가 예배 콘퍼런스에서 예배 인도팀을 주제로 강의하면 강의실에 사람이 가득 차곤 했다. 1960년대와 70년대의 교회 연주자들은 대부분 주일 예배를 위해 사전연습을 하지 않았다. 연주자들은 보통 주일 예배 시간에 딱 맞춰 와서 예배가 시작하면 바로 정해진 곡을 연주했다.

1980년대 예배 콘퍼런스에서 드디어 예배팀이 함께 사전연습을 하며 탁월함을 추구해야 한다는 개념이 등장했다. 오늘날에는 거의 모든 교회가 예배팀 사역에 엄청난 힘을 쏟지만 1980년대에 이런 가르침은 획기적이었다.

위에서 내가 묘사한 1980년대의 모습, 즉 예배팀이 리듬과 코드 진행으로 자유롭게 물 흐르듯 예배하는 모습은 오직 은사주의 교회에서만 볼 수 있었다. 당시 장로교 교회(다시 한번 말하지만, 특정 교단을 지적하는 명칭이 아니다)들은 이런 예배를 받아들이지 않았다. 이들은 여전히 찬송가 4곡과 말씀 찬양 1곡을 부르는 1960년대 예배 형태에 머물렀다.

1980년대가 되자 몇몇 예배팀이 예배 음악을 카세트테이프로 녹음하여 발매하기 시작했다. 존 윔버[JOHN WIMBER]가 이끄는 빈야드 교회들은 자신들의 예배 운동에서 작곡한 예배 음악을 카세트테이프로 녹음하여 많은 곳에 배포했다. 예수님과의 친밀함을 강조하는 빈야드 교회들의 예수님을 향한 열정은 전 세계 그리스도의 몸에 큰 영향을 미쳤다.

1980년대 중반에는 호산나 인테그리티 뮤직[HOSANNA'S INTEGRITY MUSIC]이 빠른 속도로 미국 전역에 알려졌다. 인테그리티 뮤직의 음악은 다양한 진영과 나라에서 유래하여 많은 사람이 부담 없이 받아들일 수 있었다. 이들은 놀라울 정도로 빠르게 예배 음악 앨범을 만들었는데, 석 달에 한 개씩 1년에 총 4개의 새 앨범을 발표했다. 예배 음악 역사상 처음 보는 엄청난 제작 속도였다. 텍사스주 댈러스에 있는 열방 대학[CFNI]도 예배 음반으로 유명했다. 열방대학에서 발매한 마티 니스트롬[MARTY NYSTROM]의 1984년 곡인 「목마른 사슴」은 세계적인 히트곡이 되었다.

1986년, 나는 성경 대학에서 가르치던 예배인도자 양성 과정을 기초로 첫 번째 책인 《찬양으로 가슴 벅찬 예배》를 출판했다. 내 책은 찬양과 경배의 성경적인 의미와 지역 교회에서 찬양과 경배를 실행하는 실제적인 방법을 함께 다룬 최초의 책으로, 예배

관련 서적 중에서 단연 선구적인 역할을 감당했으며 주님은 이 책을 여러 나라에서 출판하도록 도우셨다. 예를 들어 러시아어 번역본은 러시아어를 공용어로 사용하는 모든 나라에서 동시에 출간했는데, 이유는 내 책이 러시아어로 된 예배를 다루는 첫 번째 책이었기 때문이다.

예배 운동은 1980년 후반에도 계속해서 추진력을 얻어 성장했지만, 여전히 뜨거운 예배는 지역 교회보다는 예배 집회나 콘퍼런스에서 경험할 수 있었으며 예배의 중요성이 거의 모든 교회에 알려지는 데 거의 10년이 더 걸렸다.

파도 타는 사람들을 위한 질문

1. 당신에게 가장 큰 영향을 끼친 예배 관련 서적은 무엇인가?

2. 예배 콘퍼런스에 참석한 적이 있는가? 그곳에서 배운 것을 한 가지만 나누어 보라.

3. 리듬과 코드 진행으로 자유롭게 흘러가는 즉흥적인 예배를 경험한 적이 있는가? 경험한 적이 있다면, 다른 사람과 나눌 만한 간증이 있는가?

5장

1990년대의 예배

은사주의 교회를 중심으로 1980년대의 예배 운동이 계속해서 성장하며 강력하게 퍼져나갔다. 교회들은 너도나도 예배팀을 세웠으며 예배 콘퍼런스가 빠르게 퍼져나갔고 많은 교회가 리듬과 코드 진행을 기반으로 한 자유로운 예배^{FREE WORSHIP}를 연습했다. 음악가와 연주자들이 예배 인도에 관심을 기울이기 시작했으며 작곡가들은 새로운 예배 곡을 쓰는 기술을 연습했다.

그때쯤 새로운 현상이 나타났다. 교회가 사례비를 받는 전임 예배인도자를 고용하기 시작한 것이다. 만일 당신이 1960년대의 교회에서 월급을 주고 노래인도자를 고용하면 어떻겠냐고 제안한다면 모든 사람이 비웃었을 것이다. 그러나 1990년대의 목회자들은 교회 사역자들과 함께 일할 기름부음 있는 예배인도자들을 찾기 시작했다. 하지만 교회의 필요를 채우기에는 아직 예배인도자의 숫자가 턱없이 부족했다.

1992년, 예배 운동에 매우 큰 변화를 가져온 사건이 일어났다. 인테그리티 뮤직이 론 캐놀리^{RON KENOLY}의 예배 앨범인 Lift Him Up

을 발매한 것이다. 이 앨범은 그전까지 유행하던 카세트테이프뿐만 아니라 1990년대 초반에 등장하기 시작한 콤팩트디스크^{CD}로도 구매할 수 있었다. Lift Him Up은 백만 장 이상 팔린 음악 앨범을 지칭하는 '플래티넘'을 기록했으며 제작사인 인테그리티 뮤직이 미국뿐만 아니라 전 세계에 알려졌고 수많은 사람이 이 앨범을 통해 예배 운동의 존재를 발견했다.

10년 전만 해도 "교회 회중석에 마이크를 설치하고 예배를 녹음해서 앨범으로 발매합시다!"라고 말하면, 누가 주일 아침에 교회 회중이 부르는 4곡의 찬송가를 녹음한 앨범을 사겠냐고 비웃었을 것이다. 그러나 1992년에 새로운 세상이 펼쳐졌다. 론 캐놀리의 앨범은 이전의 모든 예배 앨범의 판매 기록을 뛰어넘었으며 기독교 서점마다 예배 앨범이 불티나게 팔렸고 공중파를 통해 예배 음악이 전 세계에 송출되었다. 그전까지 주로 현대적인 기독교 음악^{CCM}을 송출하던 라디오 방송국에 예배음악을 틀어 달라는 요청이 쏟아져 들어왔다. 결국 예배 음악은 인기 면에서 CCM과 경쟁하는 정도가 아니라 아예 멀찌감치 추월했다.

미국의 기독교 음악 산업은 Lift Him Up 앨범을 통해 예배 운동이 일시적인 유행이 아니라는 사실을 깨달았다. 사람들은 최신 CCM 앨범 대신 예배 앨범을 구매하기 시작했다. 신자들은 새롭고 활기차며 친밀하고 창의적이며 역동적인 성령님의 권능이 담긴 예배 음악을 구하기 위해 기꺼이 지갑을 열어 돈을 냈다. 그리고 미국 음악산업의 중심 도시 내슈빌이 예배 음악으로 돈을 벌 수 있다는 사실을 알아차렸다!

예배 운동은 점차 하나의 산업이 되어갔다. 젊은이들은 예배 인도자가 되는 꿈을 꾸었으며 많은 대학이 그런 청년들을 위한 훈련 과정을 제공했다. 그 결과, 예배사역을 위해 훈련받은 음악가와 싱어의 숫자가 놀라울 정도로 빠르게 증가했다. 전 세계가 기름부음 있는 예배인도자를 원했고 하나님은 이 흐름에 순종하는 젊은 세대를 일으키셨다.

1990년대에 예배 형식은 크게 달라지지 않았지만 예배 음악의 범위가 넓어졌다. 1990년대 후반에는 어디에든 예배 음악이 있었다. 콘퍼런스와 집회, 라디오와 TV, 신자들의 집과 자동차, 그리고 지역 교회 등 어디에서든지 예배 음악이 흘러나왔다.

1980년대에는 좋은 예배를 경험하려면 큰 예배 콘퍼런스에 참석해야 했지만 90년대는 달랐다. 프로미스 키퍼스PROMISE KEEPERS[1] 같은 남성을 위한 콘퍼런스나 여성, 청소년 혹은 지도자 콘퍼런스 등 어떤 집회나 모임에서든지 강력한 예배를 경험할 수 있었다. 모든 종류의 집회에서 강단 위에 예배인도자를 세우기 시작했으며 콘퍼런스 주최자들은 집회를 기획할 때 제일 먼저 설교자가 아니라 좋은 예배인도자를 섭외하는 데 집중했다.

그리고 1990년대에는 지금까지 많은 사랑을 받는 노래들이 발표되었다. 아마 이 책을 읽는 독자 중에도 아래 곡목 중에 아는 노래가 최소한 한 곡 이상은 있을 것이다.

■ 「나를 향한 주의 사랑」 마틴 스미스 1998

1.존 윔버의 빈야드 교회가 1990년에 시작한 남성을 위한 영성 운동

- 「찬양의 열기 모두 끝나면」 ^{매트 레드먼 1998}

- 「경배하리 내 온 맘 다해」 ^{데이비드 루이스 1993}

- 「나의 주 크고 놀라운 하나님」 ^{리치 멀린스 1996}

- 「주님과 같이」 ^{레니 르블랑스 1999}

- 「내 구주 예수님」 ^{달린 첵 1993}

- 「주님 곁으로 날 이끄소서」 ^{켈리 카펜터 1994}

1990년대의 예배는 열정적이고 활기찼으며 현대적인 음악과 강렬한 보컬과 몸을 자유롭게 움직이는 것이 특징이었다. 세계의 수많은 교회에서 예수님을 향한 사랑을 적극적으로 표현하는 예배의 자유가 회복되었다. 예배 운동에서 1990년대는 참으로 위대하고 영광스러운 시간이었다. 이제 새천년으로 가보자.

파도 타는 사람들을 위한 질문

1. 당신에게 가장 큰 은혜를 준 예배 앨범이나 예배 곡이 무엇인지 나누어 보라.

2. "예배 운동은 점차 하나의 산업이 되어갔다"라는 문장을 읽었을 때 어떤 생각이 들었는가?

3. 오늘날 누군가가 예배인도자가 되려고 한다면 어떤 방법으로 훈련받을 수 있는가?

6장

2000년대의 예배

새천년을 시작하는 시점에 예배는 이미 주류^{MAINSTREAM}였다. 1990년대에는 특정 교회나 특정 집회에서만 생동감 있는 예배를 경험할 수 있었지만 2000년대에는 전 세계 교회에 현대적인 예배^{CONTEMPORARY WORSHIP}의 불이 붙기 시작했다. 더 이상 은사주의만이 성령님이 역사하시는 현대적인 예배를 드리는 것이 아니라 많은 장로교가 현대 예배 운동에 동참했다.

예배 운동이 새천년의 주류가 되는 데 영향을 미친 몇 가지 요소를 살펴보자.

첫째, 기독교 라디오 방송이 가장 큰 촉매 역할을 했다. 기독교 라디오 방송들은 빈야드와 힐송 같은 혁신적인 사역에서 나오는 노래를 빠르게 방송했다. 기독교 라디오 산업이 운전 중이든 집에서든 어디에서나 예배하기를 원하는 사람들의 필요를 채워주었다. 새천년의 초기에 많은 청취자가 라디오 방송을 들으면서 예배 운동의 존재를 깨닫고 동참했다.

둘째, 경기장이나 넓은 야외에서 프로미스 키퍼스, 틴 매니아 TEEN MANIA[1], 크리에이션CREATION[2], 킹덤 바운드KINGDOM BOUND[3] 같은 집회가 열리면서 한 번에 많은 사람이 동시에 강력한 예배를 경험했다. 수많은 X세대 청년이 예배를 통해 하나님을 경험하고 하나님의 일에 동참했다. 많은 장로교회의 청년이 새로운 노래와 음악으로 예배하는 은사주의 교회로 옮기기 시작했다.

이런 흐름 속에서 "우리는 찬송가가 아니라 현대적인 예배를 원합니다."라는 청년들의 말을 귀담아들은 많은 장로교회가 주일에 현대적인 예배 시간을 추가했다. 그 결과 예배자들이 전통적인 예배와 현대적인 예배 중에서 자신이 원하는 예배를 선택할 수 있는 시대가 열렸다. 전통적인 예배는 1960년대 방식인 피아노와 오르간 반주에 맞춰 찬송가를 부르는 예배이며 현대적인 예배는 키보드, 기타, 베이스 기타, 드럼과 싱어로 구성된 예배팀이 기독교 방송에 나오는 최신곡으로 인도하는 예배였다.

또 새천년에는 네 가지 사건이 동시에 폭발적으로 일어났다.

첫째, 음악성을 향한 갈망과 열정이 폭발적으로 증가했다. 수많은 청년이 기타, 키보드, 드럼 연주법을 배우고 싶어 했다. 1960년대에는 교회에서 예배 곡을 연주하는 악기 연주자를 찾아보기 힘들었지만 2000년대에는 악기 연주자가 없는 교회를 찾아보기 힘들었다. 이런 현상의 가장 큰 이유는 새로운 예배 형태인

---

1. 텍사스주 댈러스에 있는 복음주의 기독교 청소년 단체. 한때 미국에서 가장 큰 기독교 청소년 단체였다.
2. 미국에서 일 년에 두 번 대형 기독교 음악 페스티벌을 개최하는 사역 단체.
3. 뉴욕주 버펄로에 있는 다리엔 레이크 테마파크 리조트에서 매년 열리는 기독교 음악 페스티벌.

현대적인 예배가 청년들을 사로잡으면서 청년들이 예배에 주체적으로 참여했기 때문이다. 교회는 청년들이 현대적인 예배를 섬기기 위해 악기 배우는 것을 권장했고 청년들도 크게 호응했다. 어떤 교회는 악기 연주자가 너무 많아서 예배팀을 여러 개 만들어서 순서를 정해 돌아가며 주일 예배를 섬기기도 했다. 음악 재능의 폭발적인 증가는 예배 운동의 가장 놀라운 열매 중 하나였다.

둘째, 작곡이 폭발적으로 증가했다. 교회가 최신곡으로 노래하기 시작하면서 새로운 예배 곡 작곡이 국제적인 관심사가 되었다. 예를 들면 호주 시드니의 힐송 교회 예배 훈련 학교는 작곡 기술을 개발할 수 있는 최고의 과정으로 알려졌다. 전 세계에서 새로운 예배 곡을 만들고 불렀으며 많은 음악가가 자작곡으로 앨범을 녹음하기 시작했다. 전 세계가 예배 음악 작곡가의 선두 주자인 크리스 탐린의 「위대하신 주」 HOW GREAT IS OUR GOD, 2004 를 불렀다.

셋째, 음향 기술이 폭발적으로 발전했다. 2000년대 들어 음향 엔지니어링 산업 전체가 아날로그에서 디지털 기술로 전환했다. 디지털 기술 전환은 엄청난 효과를 가져왔다. 훨씬 적은 예산으로 훨씬 더 많은 일을 할 수 있었다. 일반 대중도 조금만 노력하면 손쉽게 전문 장비를 구할 수 있었으며 그 결과 음향 녹음 기술과 소리의 재생 품질이 크게 좋아졌다. 1980년대에는 음악을 만들기 위해 아주 비싼 녹음실을 빌려야 했지만, 2000년대에는 음악가들이 자기 침실에 녹음 장비를 설치하고 컴퓨터 소프트웨어로 전문 녹음실 수준의 품질 좋은 소리를 만들었다. 누구나 손쉽게 최신 음향 기술을 이용할 수 있었다.

넷째, 갑자기 예배자들의 손이 자유롭게 되었다. 2000년대가 되자 많은 교회에서 예배 때 손을 사용 자유롭게 사용하도록 허락했다. 이전까지는 은사주의 교회에서만 예배 때 손을 들고 찬양했지만 2000년대에는 장로교회도 이 흐름에 동참했다. 말씀을 중요시하는 장로교회는 어떤 예배의 표현이든 성경적 근거를 찾으려 했다. 마치 이런 모습이다.

"새 노래? 음, 성경에서 주님께 새 노래로 찬양하라고 했으니까 신곡으로 찬양하는 것도 괜찮지."

"예배 중에 손을 든다고? 흠, 주님께 두 손 들라는 성경 구절이 꽤 많네? 그럼 손을 들고 예배하는 것도 성경적이니까 이제 하나님을 찬양하는 의미로 손을 드는 방법을 허락하자."

"예배 중에 손뼉 치며 찬양한다고? 어디 보자, 이 방법도 성경에 많이 있네. 좋아, 어서 주님께 손뼉 치며 찬양하자!"

"찬양의 함성? 이런, 이것도 성경에 있네. 성경은 주님께 승리의 소리로 외치라고 명령하는구나. 이제 신자들이 하나님께 즐겁게 소리치며 찬양하기를 허락하자."

대략 2000년대 초에는 거의 모든 교단과 교회가 찬양할 때 손을 들고 손뼉을 치며 기쁨의 함성을 외치며 찬양하기 시작했다.

2000년대에는 은사주의 교회와 장로교회가 서로 예배 표현에서 하나 되기 시작했다. 지난 30년간 평행하게 흐르던 두 물결이 한 줄기로 합쳐져 통일된 예배의 모습으로 바뀌었다. 이런 흐름이 생겨난 또 하나의 중요한 이유가 있다.

은사주의 교회가 방언으로 하나님을 예배하는 것에 장로교회가 관대해졌다. 전에는 방언을 반대했던 많은 교회와 진영이 적대감을 내려놓았다. 이 책은 이런 변화의 이유보다는 변화가 일어났다는 사실에 초점을 맞춘다. 많은 교회가 이런 태도를 보였다. "우리 교회는 방언을 가르치거나 권장하지는 않지만 개인기도 시간에 방언하는 것은 괜찮으니 얼마든지 우리 교회에 등록하셔서 신앙생활을 하실 수 있습니다." 방언을 향한 높은 적대감의 벽이 무너지면서 방언 기도를 하는 은사주의 교인들이 자신의 예배 형식과 악기를 들고 장로교회로 이동하기 시작했다.

이렇게 다양한 이유로 장로교는 2000년대 예배 운동에 적극적으로 동참했다. 장로교는 1960년대의 찬송가 중심의 전통적 예배에서 2000년대의 현대적인 예배로 아주 갑자기, 극적으로 바뀌었다. 새로운 찬양과 예배 밴드, 다양한 예배 표현을 받아들였다. 심지어 몇몇 장로교회는 다윗 같은 예배DAVIDIC WORSHIP에 정말 열심을 냈기 때문에 마치 은사주의 교회와 역할을 바꾼 것처럼 보였다.

몇몇 장로교회는 훨씬 더 다양하고 열정적인 예배를 선택했지만, 일부 은사주의 교회는 더 보수적이고 정적인 예배 문화를 선택했다. 하지만 어떤 모습의 예배이든 노래는 모두 현대적인 찬양곡이었다. 1960년대처럼 다시 은사주의와 장로교가 같은 모습으로 예배했으며 1970년대에 그리스도의 몸을 나누었던 예배 형태의 차이가 사라졌다. 교회 앞에 걸린 교단의 이름이 중요했던 시대가 지나가고 이제 주일 아침에 어느 교회를 방문해도 거의 비슷한 모습의 예배를 경험하는 시대가 되었다.

많은 전통 교회와 예전적 교회^{LITURGICAL CHURCH}에도 비슷한 일이 일어났다. 얼마 전 나는 토요일 오후에 뉴욕의 나이아가라 폭포를 따라 기도 산책을 하던 중 한 루터교 교회 앞을 지나다 인기척이 들려 안을 들여다보았다. 예배실 강단에서 예배 밴드가 현대적인 예배 모임을 위해 사전연습을 하는 중이었다. 예배팀은 키보드, 드럼, 기타, 베이스 기타, 싱어들이었으며 그들이 노래하는 예배 곡들은 유튜브에서 쉽게 찾을 수 있는 최신 히트곡이었다.

나는 그들의 사전연습을 보면서 깜짝 놀랐다. 이 모습이야말로 현대적인 예배 운동이 아주 전통적인 예전^{LITURGICAL}을 추구하는 교회에도 영향을 미치는 증거이기 때문이다. 이런 예배팀의 모습은 이제 전 세계적인 현상이다. 은사주의, 오순절, 장로교, 침례교, 루터교, 성공회, 그리스도 교회, 로마 가톨릭까지 어느 곳이든 예배팀 밴드가 최신 찬양곡으로 예배를 인도한다.

지난 60년간 예배는 놀랍게 변화했다. 오늘날 유튜브는 예배를 세계화하는 데 가장 강력한 힘을 발휘하고 있다.

여기까지의 내용은 현재 예배 운동이 어디까지 이르렀는지 보여준다. 이 모든 여정은 하나님이 명령하시고 이끄신 성공적인 역사이다.

나는 예배 운동의 여정을 돌아보면서, 지금 우리가 선 이 자리가 정말 기쁘고, 감사하다. 음악가가 넘쳐나고, 여기저기에서 새 노래를 부르며, 예배는 이전의 어느 때보다 자유롭고 열정적이다. 교회들이 예배의 영역에서 서로 연합하는 모습이 정말 아름답고 감격스러우면서 환상적이다!

나는 지금 우리가 드리는 예배가 정말 좋지만, 여기에만 머물고 싶지는 않으며 우리가 회중 예배를 향한 하나님의 목적과 계획 안에서 계속 전진하기를 원한다.

나는 앞으로 또 다른 10년 동안 다가올 새로운 성령님의 거룩한 파도를 타기 원한다. 성경이 우리에게 예언한 영혼의 대 추수 때에 주님과 동역하도록 계속해서 주님의 마음을 추구하자.

지난 60년간의 예배 변화 이야기를 읽어주어 감사하다. 우리가 어제를 올바로 이해하면 오늘 어디에 서 있는지 분명한 관점으로 볼 수 있다. 또한 우리가 오늘을 제대로 인식할 때 내일을 더 효과적으로 준비할 수 있다.

지금은 새로운 시대다. 모든 사람이 새로운 시대가 열린 것을 확실하게 느낀다. 2020년, 우리는 정치 폭풍, 인종 간의 갈등 폭풍, 코로나 바이러스의 팬데믹 폭풍을 경험했다. 흥미롭게도 예수님은 한 구절에서 이 세 가지 폭풍을 모두 말씀하셨다.

민족이 민족을, 나라가 나라를 대적하여 일어나겠고 곳곳에 기근과 지진이 있으리니 (마 24:7)

민족이 민족을 대적하고, 나라가 나라를 대적하여 일어나겠으며 기근과 역병과 지진이 여러 곳에서 있을 것이니 (마 24:7, 한글 킹제임스 성경)

이 구절에서 "민족"은 헬라어 에드노스[ETHNOS]를 해석한 것이다. 예수님은 한 인종[ETHNICITY]이 다른 인종을 대적하여 일어날 것이라고 말씀하셨는데, 바로 우리가 이 시대에 겪는 인종 간의 긴장과 갈등의 모습이다. 또 "나라가 나라를 대적하여 일어나겠고"를 읽을 때 나는 최근 미국에서 벌어지는 정치 진영 간의 치열한 대결이 떠오른다. 그리고 이 구절의 "역병PESTILENCES"이라는 단어는 코로나 바이러스 같은 세계적인 유행병과 같은 의미이다.

예수님은 마지막 때에 우리가 겪을 종말의 폭풍을 말씀하시면서 재림의 때가 가까울수록 이 폭풍이 심해질 것이라고 말씀하셨다. 현재 우리가 사는 세계 곳곳에서 이 폭풍의 강도와 주기가 증가하는 것으로 보인다.

우리는 세상이 급격히 변화할 때 우리가 어디로 가고 있는지 알아야 한다. 특히 하나님이 그리스도의 몸 된 교회의 예배를 어디로 이끄시는지 명확히 알아야 격변하는 세상에서 주님의 재림을 위해 준비하고 단장할 수 있다. 그러므로 우리는 마지막 때의 렌즈로 예배의 미래를 봐야 한다.

자, 함께 가자! 함께 눈을 들어 새로운 시대에 펼쳐질 예배를 바라보자!

파도 타는 사람들을 위한 질문

1. 그리스도의 몸 된 교회가 예배를 중심으로 하나 되는 모습을 본 적이 있는가?

2. 손을 사용하여 예배하는 것을 어떻게 생각하는가? 당신도 예배 때 손을 사용하여 예배하는가?

3. 어떤 방법으로 청소년과 청년들이 악기를 배우도록 격려할 수 있는지 나누어 보라.

4. 예배 곡 만들기 모임에 관심이 있거나 참석한 적이 있는가?

5. 2020년 코로나 팬데믹 이후 교회 예배가 어떻게 바뀌고 있다고 생각하는가?

NEXT WAVE

WORSHIP IN A NEW ERA

7장

재생목록 예배

2020년대 교회의 예배 모습을 볼 때마다 나는 정말 감격스럽다. 앞서 말한 것처럼 오늘날 교회는 역사상 어느 때보다 많은 음악가가 예배를 인도하며 가장 탁월한 작곡자들이 발표한 최고의 곡으로 예배한다. 오늘날의 예배는 뜨겁고 활기차며 풍부한 표현과 함께 그리스도 중심적인 특징이 있다. 그리고 주님 앞에서 항상 섬기는 레위인의 부르심을 받은 예배팀들이 예배를 인도한다.

현대 예배는 과거 어느 때보다 탁월한 악기와 음향 장비로 가득하며 놀라운 음악 수준을 누리고 있다. 또 교회 역사상 전례 없는 방식으로 24/7 예배와 중보 사역이 일어나고 있다. 나는 이런 예배 운동의 발전을 보면서 진심으로 하나님께 감사드린다. 하나님이 우리와 함께하시며 인도하신다! 하지만 나는 현재를 기준으로 전 세계 교회의 예배가 길을 잃고 제자리에 머물러 있다고 생각하는 몇몇 예배인도자를 만났다.

과연 현대 교회의 예배는 어느 지점에 있는 것일까? 나는 전 세계의 중요한 몇 교회를 둘러보며 공통점을 찾았다. 이 공통점은 "재생목록 예배"라는 단어로 표현할 수 있다. 재생목록 예배는 무엇인가? 내가 어떤 의미로 이 단어를 사용하는지 설명하겠다.

유튜브 재생목록

아마 세계의 거의 모든 사람이 유튜브를 사용할 것이다. 유튜브에는 "재생목록"이라는 기능이 있어서 좋아하는 예배 곡을 재생목록에 추가하면 곡을 추가한 순서대로 하나씩 재생하는데, 많은 교회의 주일 아침 예배가 이와 비슷한 구조로 진행한다.

국가나 교단이나 교회 이름과 상관없이 수많은 교회의 주일 예배가 이렇게 시작한다. 먼저 찬양 한 곡을 부르고 첫 번째 노래가 끝나면 예배팀이 다음 곡을 연주한다. 두 번째 노래가 끝나면 세 번째 노래를 시작한다. 세 번째 노래를 다 부르면 네 번째 노래를 부른다. 네 번째 노래가 끝나면 예배의 찬양 시간이 끝나고 광고나 헌금 혹은 기도 같은 주일 예배의 다음 순서로 넘어간다.

첫 번째 곡, 두 번째 곡, 세 번째 곡, 네 번째 곡, 거의 모든 교회가 주일 아침에 4곡의 찬양을 부른다. 훌륭한 음악과 놀라운 가사와 넘치는 힘과 열정과 멋진 분위기로 찬양 4곡을 부른다.

사실상 우리는 4곡의 노래를 부르는 1960년대 형식으로 돌아갔다. 교단과 교회 이름과 상관없이 거의 모든 교회가 4곡의 찬양을 부르는 비슷한 예배를 드린다. 이것은 마치 유튜브 재생목록과 매우 비슷한데, 유튜브 재생목록을 클릭하면 첫 번째 영상, 두 번째 영상, 세 번째 영상, 네 번째 영상을 순서대로 재생한다. 전 세계 주일 아침 예배가 바로 이런 모습이다. 우리는 회중 예배 버전의 유튜브 재생목록을 만들었다. 나는 이런 이유로 현재 수많은 교회의 예배 모습을 재생목록 예배라고 표현한 것이다.

다시 말하지만, 거의 모든 교회가 같은 노래를 부른다. 다만 그 노래가 장의자에 놓인 검은색 하드 커버 찬송가에 실린 곡이 아니라 유튜브의 최신 예배 히트곡이라는 점만 다를 뿐이다. 우리는 재생목록에서 4곡의 찬양을 골라 순서대로 부른다. 우리 예배는 60년대로 돌아가 버렸다. 어쩌다 이렇게 된 것일까?

재생목록 예배는 회중이 없어도 진행할 수 있는 무대 중심의 예배이다. 재생목록 예배는 회중이 예배 처소에 나오지 않고 온라인으로 시청해도 아무 문제 없이 흘러간다. 회중이 주일 아침 예배 처소에 나와 예배해도 집에서 유튜브 방송으로 예배하는 신자와 큰 차이가 없다면 그 예배가 바로 재생목록 예배이다. 회중이 교회에 오지 않고 집에 머물면서 유튜브 재생목록을 시청하며 같은 경험을 누릴 수 있는 예배라면 그 예배는 재생목록 예배이다.

하나님은 회중 예배가 재생목록에 머물도록 의도하신 적이 없다. 회중 예배에는 생동감 넘치며 살아 숨 쉬는 무언가가 있다. 회중 예배는 신랑이신 하나님과의 신부 된 교회가 거룩한 사랑으로 서로 호흡을 맞춰 추는 영적인 춤이며 신랑과 신부가 서로를 향해 부르는 노래다. 회중 예배는 이전에는 볼 수 없었던, 앞으로 다시는 볼 수 없는 독특하고 역동적인 사랑의 교환[1]이 이루어지는 장소이며 살아 계신 하나님을 만나는 거룩한 만남의 장소이다.

1.나의 책《주의 임재의 강으로 뛰어들라》(벧엘북스 출간 예정)를 참고하라.

예배인도자

살아 숨 쉬는 생명력 있는 예배는 "디지털 클릭"에서 나오는 것이 아니라 오직 우리의 궁극적 예배인도자이신 성령님을 따라갈 때 발견할 수 있다. 성경은 성령님의 역사하심을 "바람, 숨결, 기름, 물"과 같은 단어로 묘사하는데, 이 비유들의 공통적인 특징은 유동성FLUID이다. 예배에 역사하는 성령님의 파도는 디지털과 상관이 없다.

성령님을 우리 교회의 진정한 예배인도자로 인정한다면, 성령님을 존중하라. 성령님을 정해진 곡 목록으로 제한하지 말라. 성령님의 숨결을 재생목록에 묶어 두지 말라. 재생목록은 디지털 클릭으로 작동하지만, 진정한 예배는 성령님의 생기로 역사한다. 참된 예배는 사랑하는 주님을 향한 우리의 충성과 헌신이 담긴 소통이며 천천히 음미하며 나누는 친밀한 대화이다. 세계의 예배자들이 이 시대의 예배인도자들을 향해 이렇게 말한다.

"우리는 당신의 최신 예배 곡 재생목록을 보러 교회에 온 것이 아닙니다. 우리는 떠나고 싶지 않은, 그곳에 있어야만 하는 최고의 순간을 경험하려고 교회에 왔습니다. 우리는 살아 숨 쉬며 유기적이고 인공적이지 않으며 즉흥적인 동시에 조화롭고 낭만적인 사랑의 춤을 추려고 모였습니다. 우리는 아직 누구도 본 적 없으며 앞으로도 없을 예술 작품 같은 거룩하고 아름다운 예배에 참여하려고 왔습니다. 우리는 항상 비슷한 것이 아닌 매번 미세한 차이가 있으며 밀물과 썰물처럼 흐름이 있고 열정과 눈물 그리고 기쁨이 넘치는 예배를 원합니다. 우리는 성령과 진리 안에서 예배하고 싶습니다."

내가 재생목록 예배라는 용어를 사용하기 때문에 현대 예배 운동에 비판적일 것이라고 오해하지 않기를 바란다. 나는 지금 현대 예배가 자유롭게 흘러가지 못하고 고여 있다는 점을 지적하는 것이다. 하나님은 우리가 주님의 거룩한 예배의 대로HIGHWAY 위에서 계속 전진하기를 원하신다. 주님은 우리 예배가 성령님의 점진적이고 역동적인 역사를 통해 계속 발전하고 성숙하기를 원하신다.

온라인 vs. 대면 예배

2020년 3월, 전 세계의 많은 교회가 코로나 바이러스의 확산을 막으려고 잠시 문을 닫았다. 이 기간에 많은 교회가 온라인으로 예배를 드렸으며 그 결과 많은 성도가 집에서 드리는 온라인 예배에 익숙해졌다. 시간이 흘러 마침내 바이러스가 약해져서 교회가 다시 모이려고 문을 열었을 때, 많은 교회가 코로나 바이러스 이전보다 성도들의 예배 참석률이 떨어진다는 사실을 발견하고 우왕좌왕하며 이렇게 질문했다. "우리 교회의 신자들을 다시 회중 예배로 돌아오게 하려면 어떻게 해야 합니까?"

이전보다 설교를 더 강화하면 될까? 글쎄, 신자들은 교회에 오지 않아도 얼마든지 집에서 잠옷을 입은 채 온라인 설교 방송을 시청하면서 은혜를 누리기 때문에 나는 설교의 강화가 신자들이 다시 교회로 돌아오는 데 큰 영향을 미치지 못하리라 생각한다.

그러면 예배사역을 더 강화하면 어떨까? 재생목록 예배로는 신자들을 다시 교회로 데려올 수 없다. 왜냐하면 재생목록 예배의 효과는 교회이든 집이든 실시간 방송을 볼 수 있는 곳이라면 어디든 똑같기 때문이다. 과연 어떻게 해야 사람들을 다시 교회로 돌아오게 할 수 있을까?

몇몇 신자는 어떤 상황에도 교회 회중 예배로 돌아올 것이다. 왜냐하면 그들은 그리스도의 제자이며 히 10:25을 포함한 모든 성경 말씀에 순종하기로 결단했기 때문이다. "모이기를 폐하는 어떤 사람들의 습관과 같이 하지 말고 오직 권하여 그날이 가까움을 볼수록 더욱 그리하자." 하지만 아직 이 성경 말씀에 순종할 확신이 없는 신자들은 어떻게 해야 하는가? 먼저 교회는 신자들에게 재생목록 예배 이상의 예배를 제공해야 한다. 교회는 신자들이 온라인 예배로는 받을 수 없는 것을 회중 예배에서 제공해야 한다.

하나님의 집을 향해 열심이 있는 분들에게 좋은 소식을 전한다(요 2:17)! 오직 회중 예배에서만 예배를 살아있게 하는 가장 중요하고 역동적인 요소를 경험할 수 있다. 온라인 예배가 유일한 선택지일 때는 온라인 예배도 귀하게 쓰일 수 있지만 결코 하나님의 집에 모이는 영광을 대신할 수는 없다.

예배에는 온라인 형식으로 접근할 수 없는 몇 가지 요소가 있다. 앞으로 이 요소들이 예수님의 제자들의 삶에서 점점 더 중요해질 것이다. 나는 앞으로 예배의 다음 파도에서 이 은혜의 선물들이 크게 주목받는 모습을 본다.

- 성찬

- 안수 기도 사역

- 기름부음

- 공동체적 중보기도

- 물세례

- 제단 초청

- 서로를 위한 기도

- 교제와 격려

이러한 예배의 요소는 온라인에서는 직접 경험할 수 없으며 함께 모여 예배할 때만 경험할 수 있다. 하나님의 사람들이 함께 모여 예배할 때 놀랍고 강력한 일이 일어난다! 예수님은 믿는 사람들이 함께 모일 때 우리와 함께하시겠다고 약속하셨다(마 18:20).

주님의 임재가 있는 곳에 함께 하라

회중 예배는 같은 장소에서 함께 누리는 경험과 표현으로 이루어진다. 예수님과 함께 누리는 생명력 있고 온전한 만남은 오직 회중이 한자리에 함께 모여 예배할 때만 경험할 수 있다.

예수님의 임재^{PRESENCE}는 현존^{PRESENT}하는 실재이다. 즉, 우리가 주님의 임재를 경험하려면 예수님이 임재하시는 공간에 함께 있어야 한다. 부활하신 예수님이 제자들을 만나러 오셨을 때 도마는 그곳에 없었기 때문에(요 20:24) 부활하신 예수님을 만나지 못했다. 아마도 도마는 다음에 예수님이 나타나시면 반드시 그 자리에 함께하겠다고 다짐했을 것이다. 예수님이 제자들에게 두 번째 나타나실 때 도마는 그 자리에 있었다. 이번에 도마는 부활하신 예수님과 함께 있는 정도가 아니라 부활하신 예수님을 만질 수 있었다.

26 여드레를 지나서 제자들이 다시 집 안에 있을 때에 도마도 함께 있고 문들이 닫혔는데 예수께서 오사 가운데 서서 이르시되 너희에게 평강이 있을지어다 하시고 27 도마에게 이르시되 네 손가락을 이리 내밀어 내 손을 보고 네 손을 내밀어 내 옆구리에 넣어 보라 그리하여 믿음 없는 자가 되지 말고 믿는 자가 되라 (요 20:26~27)

전능하고 무한하신 하나님이 모든 곳에 동시에 존재하는 것을 "하나님의 무소 부재하심" 혹은 "하나님의 편재하심"이라고 부른다. 회중 예배는 그중에서도 지금 이곳에, 우리와 함께하시는 하나님의 임재에 초점을 맞춘다. 그래서 회중 예배는 지극히 현재적이다. 회중 예배에 예수님의 임재가 임할 때 그 자리에 없었던 사람에게 우리는 말해주어야 한다.

"당신은 엄청난 하나님의 임재를 놓쳤어요! 정말 이번 예배는 집에서 온라인으로 지켜볼 예배가 아니었다고요. 당신도 함께했으면 좋았을 텐데 정말 아쉽네요. 하나님이 우리 회중 예배에 함께 하셨어요!" 하나님의 임재가 있는 곳에 함께 하라. 다가오는 예배의 파도를 경험하려면 파도가 몰려오는 곳에 있어야 한다.

많은 예배자가 "줌² 교회"에 불만을 느낀다. 왜 그럴까? 온라인 교회에는 병자를 위한 기적이 없으며 악한 영에서 자유롭게 되는 일도 없고 개인기도 사역도 없으며 세례를 받을 수도 없고 사람들이 자유롭게 노래로 예배하기도 힘들기 때문이다.

나는 온라인 예배가 우리 예배의 범위를 더 멀리, 더 넓게 확장한 것에 감사하지만, 결코 온라인 예배가 회중 예배를 대체할 수는 없다고 생각한다. 우리 아버지이신 하나님은 사랑하는 자녀들이 함께 식탁에 둘러앉아 교제를 나누기 원하신다. 이것이 요한계시록에 펼쳐지는 천상 예배의 모습이다. 그러므로 회중 예배는 영원하다.

주님의 임재가 우리를 부른다

2020년 코로나 바이러스 때문에 전 세계 교회가 강제로 문을 닫자 언제나 우리에게 익숙했던 진리가 새롭게 드러났다. 모든 지역 교회와 성도에게 함께 모여 드리는 회중 예배는 그 무엇과도 대체할 수 없는 소중한 것이라는 진리이다. 예배의 다음 파도에서 하나님은 함께 모인 사람만이 경험할 수 있는 일을 하실 것이다.

2. 원격 회의를 위한 소통서비스. 코로나 바이러스 이후 큰 각광을 받았으며 많은 교회가 온라인 예배를 위해 줌 서비스를 이용했다.

아직도 재생목록 예배를 원하는가? 그렇다면 집에 머물면서 온라인 생방송으로 예배를 즐겨도 좋다. 하지만 우리는 사람들이 차를 타고 와서라도 참석하고 싶어 하는 활기와 생명력 넘치는 현존하는 예배의 영역으로 나아가야 한다. 우리에게 다가오는 예배의 다음 파도는 임재 예배PRESENCE WORSHIP이다.

파도 타는 사람들을 위한 질문

1. 온라인 예배와 대면 예배가 여러 논쟁으로 뜨겁다. 당신은 하나님이 우리를 어떤 방향으로 이끄신다고 믿는가? 이번 장의 내용 중 어떤 부분에 동의하고, 혹은 어떤 부분에 동의하지 않는가?

2. 현재 교회 예배가 정체되었다고 생각하는가? 왜, 어떤 부분에서 그렇다고 생각하는가?

3. 임재 예배라는 단어를 어떻게 생각하는가? 당신에게 어떤 의미로 다가오는가?

4. 이번 장에서 언급한 성찬이나 기름부음, 기도사역 등 현장 예배에서만 할 수 있는 중요한 요소를 드러내는 방법을 나눠 보라.

8장

바다의 움직임을 읽어라

예배인도자는 파도 타는 사람^{SURFERS}이다. 파도 타는 사람들은 바다의 파도를 타고 해변까지 가는 것이 목표이다. 예배인도자들도 예배에서 성령님의 파도가 솟아오르는 순간을 포착하려고 노력하며, 일단 성령님의 파도를 타면 예배의 궁극적인 목적지까지 가고 싶어 한다. 나는 겉으로 표현하거나 말하지 않았지만, 예배인도자의 역할을 바다에서 파도 타는 모습과 비슷하게 생각했다. 하지만 실제로 파도를 타 본 적은 없었기 때문에 예배인도자와 파도타기를 연결하기는 어려웠다. 나는 남부 캘리포니아를 여행하면서 파도타기를 조금 더 이해할 수 있었다. 주말 집회 사역을 위해 비행기를 타고 오렌지 카운티에 도착하자 집회를 주관하는 내 친구 스티브 스콜로스가 자기 친구 마이크 패닝과 함께 다나 포인트에 있는 리츠 칼턴 호텔 레스토랑에서 점심 식사를 대접했다.

캘리포니아 해안가의 다나 포인트는 포근하고 상쾌한 날씨의 매력적인 도시이다. 리츠 칼턴 호텔은 고급 호텔답게 높은 절벽 꼭대기에서 드넓은 바다의 파도를 내려다볼 수 있다. 우리는 호화로운 레스토랑 한쪽의 창가 전체가 통유리벽 옆에 앉아 마치 우리를 위해 준비한 듯한 아름다운 바다를 즐기며 맛있는 샌드위치를 먹었다. 아래 해변에는 파도 타는 사람들이 사냥감을 기다리는 맹수처럼 멋지게 탈 파도를 기다렸다.

식사하며 대화하는 중에 나는 스티브와 마이크 둘 다 파도타기를 즐긴다는 사실을 알았다. "세상에, 파도 타는 사람들과 함께 있다니." 나는 이 순간을 놓치고 싶지 않아서 친구들에게 파도타기라는 멋진 운동을 이해하기 위해 궁금한 점을 질문하기 시작했다. "파도타기 기술을 알려주세요. 파도를 타려면 어떻게 해야 하나요?"

최적의 지점^{SWEET SPOT}을 찾기 위한 노 젓기

스티브와 마이크는 먼저 나에게 파도를 타려면 큰 파도가 있는 곳으로 나가야 한다고 말했다. 최고의 파도는 물 위의 강한 바람과 물 아래에 적절하게 만들어진 바다 밑바닥이 만날 때 나타난다. 몇몇 해변이 파도 타는 사람들에게 많은 사랑은 받는 이유는 그곳의 바람과 바다 밑바닥이 아주 큰 파도를 만들기 때문이다.

나는 여러 개의 파도가 무리 지어 온다는 사실과 무리 지어 오는 파도 중간에 있는 파도가 가장 큰 파도라는 사실을 처음 알았다. 한 무리에 몇 개의 파도가 몰려올지는 매번 달라서 파도 타는 사람들은 무리 지어 오는 파도의 수를 파악하려고 노력한다. 그리고 그중에서도 가장 큰 파도를 찾으려고 집중한다.

한 무리의 파도 안에 13개의 파도가 있다고 가정하면 가장 큰 파도는 7번째 파도일 가능성이 크다. 파도를 제대로 탈 줄 아는 사람들은 가장 좋은[BEST] 파도를 위해 좋은[GOOD] 파도를 지나쳐 보낸다.

가장 큰 파도가 나타나면 파도 타는 사람들은 그 파도에 올라타기에 가장 좋은 최적의 지점을 향해 온 힘을 다해 헤엄친다. 나는 친구들에게 다시 물었다. "파도에 최적의 지점이 있어요?"

스티브와 마이크는 대답했다. "네. 좋은 파도에 올라타기에 가장 좋은 최적의 지점이 있어요. 만일 당신이 그 자리에서 왼쪽이나 오른쪽으로 수십 센티미터만 벗어나도 가장 크고 좋은 파도를 그냥 지나쳐 보내야 합니다. 왜냐하면 약간의 차이라 할지라도 파도를 타는 최적의 지점에서 빗나가기 때문이죠." 친구들의 대답을 듣는 순간 나는 영적 여정에서 경험한 순간을 이해할 수 있었다. 이제 나는 여러분과 그 이야기를 나누고 싶다.

나는 부흥과 영광에 미쳐 산다고 해도 과언이 아닌 사람이다. 예배에서 일어나는 성령님의 역사하심은 아무리 경험해도 부족하고 만족할 수 없다.

나는 항상 주님을 더 원한다! 더 많은 불, 더 많은 주님의 임재, 더 많은 기름부음과 생수의 강, 더 많은 주님의 말씀과 계시, 더 많은 눈물과 웃음, 더 많은 환상과 천사의 방문, 더 많은 영광의 구름, 더 많은 회개와 세례, 더 많은 방언과 예언, 더 많은 선포, 더 많은 주님을 향한 경외함, 더 많은 거룩한 춤과 임재 안에서 엎드림, 더 많은 치유와 더 많은 축사의 능력과 권세, 더 많은 하나님의 빛과 더 많은 기사와 표적, 주님을 향한 더 깊은 상사병

같은 사랑, 더 많은 하나님 나라의 열쇠와 성령님이 허락하시는 열린 문들!!! 나는 언제나 더! 더 많이 주님을 원한다!

나는 예수님을 더 알기 원하는 열정으로 어딘가에 부흥이 일어났다는 소식을 들으면 마치 성지를 순례하듯 그곳을 방문했다. 왜 그랬을까? 나는 세례 요한에게서 실마리를 찾았기 때문이다. 이스라엘 사람들이 부흥을 경험할 수 있는 유일한 곳은 세례 요한이 물로 세례를 주는 요단강이었기 때문에 사람들은 부흥이 일어난 곳에 직접 찾아가야 했다. 그래서 나도 다른 도시에 부흥이 일어났다는 소식을 들으면 그곳이 어디든 곧 떠날 준비를 했다. 나는 그저 하나님이 역사하시는 곳에 있고 싶었다!

나는 하나님이 한 도시의 특정한 사역을 통해 강력하게 역사하신다는 소문을 듣고 수년간 직접 찾아간 다섯 군데 정도의 도시를 기억한다. 그때마다 나는 그 파도를 놓쳤다는 느낌을 받았다. 내 옆 사람들은 성령님의 파도를 타고 그리스도의 사랑에 휩싸여 뜨거운 성령님의 불을 만끽하는 모습을 보고 또 보았지만 나는 그렇지 못했다. 나도 성령님의 파도를 타고 싶었지만 계속 실패하는 것 같았다.

내 마음속에 "도대체 왜 이러지? 나에게 무슨 문제가 있나? 저 사람들은 멋지게 파도를 타는데 나는 왜 이럴까?" 하는 생각이 들었다. 심지어 어떤 콘퍼런스는 주제가 "파도에 올라타라CATCH THE WAVE"였다. 나는 영적으로 충분히 갈급했고 굶주렸으며 절박했지만, 옆 사람이 경험하는 성령의 능력을 경험하지 못했다. 혹시 내 삶에 주님을 불편하게 하는 것이 있는 것은 아닐까? 라는 고민도 했다.

하지만 그때는 내 영적인 여정에서 아직 성령님의 파도를 탈 때가 아니었다. 내 옆 사람은 파도를 탈 때였지만 나는 아니었다. 당시 성령님의 파도는 하나님이 그리스도의 몸을 새롭게 하고 다시 불타오르도록 보내셨으며 선하고 강력하며 생명력이 넘쳤지만 나를 위한, 내가 타야 하는 파도는 아니었다. 나는 하나님이 나를 위해 보내실 또 다른 파도를 기대감과 인내로 기다려야 했다. 크고 거대한 파도가 내 옆을 지나가고, 멋지게 그 파도를 타고 싶은 마음이 간절했지만, 내가 타야 할 파도가 아니라면 그저 나를 지나쳐 가는 것을 지켜볼 뿐이었다.

스티브와 마이크의 파도타기를 위한 최적의 지점의 설명은 내가 느꼈던 실망감을 바르게 해석하고 온전히 내려놓을 수 있도록 도움을 주었다. 수많은 파도가 나를 지나쳐 가는 것을 경험했지만 하나님의 드넓은 사랑의 바다에는 아직 몰려올 파도가 지나간 파도보다 더 많이 남아 있다는 사실이 내 안에 새로운 희망을 불어넣었다. 하나님이 나에게 새로운 큰 파도를 보내 주실 것이라는 기대감이 내 마음에 가득했다. 나는 그 파도에 올라탈 최적의 지점으로 나아갈 것이다.

그러므로 파도 타는 사람들은 두 가지를 기억해야 한다.

첫째, 타기에 알맞은 파도를 찾아야 한다. 둘째, 그 파도에 올라탈 수 있는 최적의 지점을 찾아야 한다. 파도를 기다리는 사람들이 많을 때는 더 좋은 자리를 차지하려고 약간의 경쟁이 벌어진다. 그리고 가장 먼저 최적의 자리에 도착한 사람이 파도 타는 기쁨을 누린다!

물에 뛰어들어라

점심을 먹으면서 친구들이 말해 준 파도타기의 두 가지 사실이 나에게 큰 감동을 주어 수첩에 적었다. 친구들은 이렇게 말했다. "결국 물에 들어가야 파도타기를 배울 수 있어요." 파도타기 방법을 자세히 알려주는 유튜브 영상도 많이 보고, 제일 좋은 장비를 사고, 서프보드를 멋지게 꾸미고, 파도 타는 사람들과 대화도 할 수 있지만 결국 물에 뛰어들지 않으면 파도 타는 방법을 배울 수 없다.

파도 타는 법은 천 번의 시행착오와 실수를 통해 배운다. 많이 실패할수록 더 많이 배우고 더 잘 탈 수 있다.

나는 이 이야기를 들으며 파도타기와 예배가 무척 비슷하다고 생각했다. 예배 인도를 배우는 가장 좋은 방법은 때때로 그저 물에 뛰어들어 천 번의 실수를 하는 것이다.

모든 눈송이의 모양이 서로 다르듯 파도의 모양과 크기도 서로 다르다. 이전에 마주친 파도는 앞으로 일어날 파도와 완전히 다르다. 이것이 예배의 파도를 타는 경험에 그토록 시행착오가 많은 이유이다. 그러므로 우리가 예배인도자 수습생을 훈련할 때 그들이 실수해도 안전한 실험적인 환경을 제공해야 한다. 더 많이 넘어지고 실수하면서 배울수록 능숙한 예배자가 된다.

내 친구들이 파도 타는 이야기를 이어갔다. "물속에 있어야 바다의 움직임을 정확하게 읽을 수 있어요." 나는 다시 질문했다. "잠시만요, 바다의 움직임을 읽는다고요?"

친구들이 대답했다. "네 맞아요. 파도 타는 사람은 바다의 움직임을 읽어야 합니다. 바다의 움직임을 연구하면서 많은 경험이 쌓이면 바다의 움직임을 예상할 수 있어요."

파도가 일어날 때 수면 밑에는 강력한 흐름이 발생한다. 따라서 파도를 바르게 읽지 못하면 파도 타는 사람이 크게 다치기 때문에 피해야 하는 파도와 타야 하는 파도를 구분할 수 있어야 한다.

스티브와 마이크는 이어서 말했다. "바다를 읽는 법을 터득한 사람은 커다란 파도가 일어나는 순간을 포착할 수 있어요. 그러면 자신이 파도를 탈 최적의 자리까지 갈 수 있는지 없는지를 판단할 수 있죠." 이 말을 영적으로 적용해 보자. 성령님의 파도를 읽는 연습을 하는 사람은 성령님이 거대한 파도를 일으키시는 순간을 분별하는 능력을 개발할 수 있다. 더 나아가 자신이 성령님의 파도를 타는 최적의 지점에 있는지를 판단할 수 있다.

예배자들은 이런 파도타기의 기본 원리에서 무엇을 배워야 할까? 일단 물속으로 들어가라. 이 땅에서 하나님의 영적인 바다의 움직임을 읽는 법을 배워라. 파도 타는 사람들은 큰 파도를 타기 위해 세 가지 일을 동시에 한다. 눈으로 파도를 포착하고, 발로는 파도의 움직임을 느끼며, 손으로 균형을 잡는다. 이것이 예배인도자가 하는 일이다.

오늘날 우리가 바다에서 하나님의 움직임을 읽으면 앞으로 다가올 성령님의 파도의 종류를 분별하고 언제 다가올지 알 수 있을까? 정직하게 고백한다. 나는 하나님이 앞으로 수십 년간 우리 예배를 어디로 이끄실지 완벽하게 알지는 못한다.

내가 아는 것은 부분적이며 제한적이다. 나는 주님이 나에게 보여주신 영역에 머물면서 내가 받은 몫보다 더 큰 통찰력이 있다고 주장하지 않을 것이다. 이것을 명확하게 하면서 나는 앞으로 우리에게 다가올 것이라고 믿고 소망하는 파도의 몇 가지 모습을 나누려고 한다.

파도 타는 사람들을 위한 질문

1. 파도타기를 예배 인도에 빗대어 생각할 때 어떤 통찰력이 있는가? 파도타기와 예배 인도를 비교하는 것이 도움이 되는가? 예배를 파도타기가 아닌 다른 것과 비교하여 설명할 수 있는가?

2. 하나님의 놀라운 부흥이 일어났다는 소식을 듣고 도시를 방문하거나 집회에 찾아간 적이 있는가? 당신의 이야기를 나누어 보라.

3. 성령님 안에서 물로 뛰어든 경험이 있는가? 어떻게 뛰어들었는가?

4. 이번 장에서 예배 안에 흐르는 성령님의 파도를 읽는 것에 관해 무엇을 배웠는가?

9장

블레셋의 수레

예수님은 아버지께서 영과 진리로 예배하는 예배자를 찾으신다고 말씀하셨다(요 4:23). 예수님은 예배를 영과 진리라는 두 단어로 요약하시어 우리에게 예배의 구성 요소를 단순하고 분명하게 알려 주신다.

인간적인 성향은 항상 회중 예배를 복잡하게 만드는 경향이 있다. 우리는 최근 수십 년간 회중 예배에 수많은 장비를 추가했다. 사람은 지상 대명령(마 28:18~20)을 이루는 과정에 인간적인 수단을 추가하려는 육신적인 성향이 있다.

나는 "인간적인 수단"이라는 용어를 미국 원주민 선교사로 널리 알려진 데이비드 브레이너드가 사용한 것과 같은 의미로 사용한다. 데이비드 브레이너드는 자신의 사역을 도울 인간적인 자원과 수단이 완전히 없어졌을 때 가장 큰 영향력을 발휘했는데, 오직 설교를 통해 초자연적으로 역사하시는 성령님께 온전히 의지했기 때문이었다. 이러한 전적인 의존은 브레이너드가 복음으로만 영혼을 사로잡을 수 있도록 열렬히 중보하도록 이끌었다.

브레이너드는 원주민과의 소통을 도와줄 믿음직한 통역사가 없었다. 브레이너드의 유일한 통역사는 항상 술에 취해 있는 원주민 불신자로 확신 없는 목소리로 설교를 통역했지만 그런데도 성령님이 설교를 듣는 원주민의 마음을 망치로 때리듯이 강타하시며 회개의 선물을 주시는 놀라운 모습을 지켜봤다.

브레이너드는 성령님의 권능을 통한 복음 전도의 승리를 이야기하면서 하나님이 인간적인 자원과 방법 없이도 사람들의 강퍅한 마음을 사로잡고 부드럽게 하시는 모습을 보며 감탄했다. 인간적인 힘이나 자원 없이도 복음은 영향력을 발휘했다. 하나님은 화려한 수단이 아닌 평범한 수단을 쓰셨다.

그러나 오늘날 우리 예배에는 인간적인 자원과 방법이 차고 넘친다. 우리는 역사상 가장 많은 예배의 도구가 있는 시대에 산다. 화려한 실내장식, 완벽한 온도, 편안한 좌석, 아름다운 조명, 사운드 루프, 신시사이저의 반복적이고 화려한 패드 소리, 악기별로 연주가 녹음된 멀티 트랙, 정교한 연주를 위한 메트로놈 모니터, 다양한 음향 장비를 한데 뭉쳐 놓은 디지털 보드, 토크백마이크, 음정 보정 소프트웨어, 인이어 모니터, 웅장한 우퍼 스피커, 고화질 영상 스크린, 스트로브 조명, 사운드 컴프레션, 충분한 잔향을 위한 리버브, 환상적인 분위기를 위한 연무기 등등 끝없이 나열할 수 있다. 우리는 마치 성령님의 도움 없이도 예배할 수 있을 것만 같은 많은 장비와 기술이 있다. 진짜 문제는 장비와 기술이 아니라 영적인 목적을 달성하려고 인간적인 자원과 방법에 의존하는 우리의 인간적인 성향이다.

인간적인 자원과 방법이 가득한 이 시대에 우리는 어떻게 예배해야 할까? 우리는 다시 단순한 예배, 즉 영과 진리로 드리는 예배로 돌아가야 한다. 우리는 끊임없이 순결한 예배의 마음으로 돌아가야 한다.

언약궤 옮기기

나는 회중 예배를 위해 인간적인 자원과 방법에 의존하는 우리의 성향을 보면서, 구약에 다윗이 언약궤를 시온으로 옮긴 이야기가 생각났다. 하나님은 자신의 임재를 언약궤 위에 두셨다. 언약궤는 이스라엘 사람들의 예배에서 하나님의 임재를 눈으로 볼 수 있게 나타내는 역할을 했다(히 6:19). 다윗은 하나님의 임재를 자신이 있는 시온성에 모시고 싶었기 때문에 임시로 언약궤를 맡았던 아비나답의 집에서 옮겨와야 했다. 다윗 왕은 나무로 만든 수레 위에 언약궤를 싣고 예루살렘으로 출발했다. 성경은 이 순간을 이렇게 기록한다.

> 3 그들이 하나님의 궤를 새 수레에 싣고 산에 있는 아비나답의 집에서 나오는데 아비나답의 아들 웃사와 아효가 그 새 수레를 모니라 4 그들이 산에 있는 아비나답의 집에서 하나님의 궤를 싣고 나올 때에 아효는 궤 앞에서 가고 5 다윗과 이스라엘 온 족속은 잣나무로 만든 여러 악기와 수금과 비파와 소고와 양금과 제금으로 여호와 앞에서 연주하더라 6 그들이 나곤의 타작마당에 이르러서는 소들이 뛰므로 웃사가 손을 들어

하나님의 궤를 붙들었더니 7 여호와 하나님이 웃사가 잘못함
으로 말미암아 진노하사 그를 그곳에서 치시니 그가 거기 하
나님의 궤 곁에서 죽으니라 (삼하 6:3~7)

성경 본문은 두 번이나 아비나답의 집이 산(언덕 위)에 있었다고
언급하기 때문에 우리는 소가 끄는 나무 수레가 언덕길을 올라가
고 내려오는 모습을 상상할 수 있다. 아비나답의 집에서 언약궤를
실은 수레가 언덕을 내려오면서 탄력을 받아 가속도가 붙었다. 내
리막길의 울퉁불퉁한 지점에서 소들이 비틀거리자, 언약궤가 거의
넘어질 뻔했다. 수레 옆에서 호위하던 웃사는 휘청거리던 수레에
서 언약궤가 넘어지는 것을 막으려고 손을 뻗었고, 하나님은 웃사
를 그 자리에서 치셨다. 도대체 웃사는 무엇을 잘못한 것일까?

웃사는 민수기 4:11~15에 나오는 하나님의 명령을 어겼다. 하
나님은 모세에게 성막의 기구를 옮길 때 언약궤는 반드시 청색 보
자기로 덮은 후 궤에 달린 고리에 채를 꿰어 레위인이 어깨에 메
어 옮기도록 명령하셨다. 하나님은 민수기 4:15에 "성물은 만지지
말라 그들이 죽으리라"라고 자세히 말씀하셨다. 언약궤의 고리에
채를 꿰어 어깨에 메면 레위인도 언약궤를 만질 필요가 없었다.
그러나 웃사는 거룩한 언약궤를 손으로 만졌기 때문에 죽었다.

하나님은 레위인들에게 언약궤를 옮길 때 어깨에 메어 옮기도
록 명령하셨는데 왜 다윗은 두 마리 소가 끄는 수레로 언약궤를
옮겼을까? 답은 블레셋 사람들이 수레로 언약궤를 옮겼던 적이
있었기 때문이었다.

이스라엘은 블레셋과의 전쟁에서 비극적으로 패배하고 하나님의 언약궤를 빼앗겼다(삼상 4장). 언약궤가 블레셋에 있는 동안 전염병과 죽음이 역사하자 블레셋 사람들은 하나님의 심판을 피하려고 암소 두 마리가 끄는 수레에 언약궤를 싣고 어디로 가는지 지켜보았다. 놀랍게도 암소는 이스라엘의 도시인 벧세메스 쪽으로 곧장 향했다(삼상 6:1~18). 아직 젖을 떼지 않은 송아지들을 두고 떠나지 않았을 암소를 하나님이 직접 움직이신 것이다. 이 모든 것이 언약궤를 블레셋에서 이스라엘로 돌이키는 주님의 인도하심이었다. 이때 하나님은 블레셋 사람들이 언약궤를 옮기기 위해 수레를 사용한 방법을 존중하셨다.

몇 년 후, 다윗은 왕이 되어 시온으로 언약궤를 옮기기로 결심했지만, 하나님의 명령을 따르는 대신 블레셋 사람들의 방법인 나무 수레에 언약궤를 실었다. 다윗에게 블레셋 사람들의 선례는 매우 설득력 있는 방법처럼 보였다. 다윗은 이렇게 생각했을지도 모른다. '블레셋 사람들이 언약궤를 수레 위에 올려놨을 때 하나님이 그들의 노력에 축복하시고, 암소들이 이스라엘로 가게 하셨지. 나도 하나님이 축복하신 방법인 수레로 언약궤를 옮겨야겠어.' 이유가 무엇이든 다윗이 블레셋 사람들의 방법으로 하나님의 임재를 옮기기로 선택한 결과 웃사는 죽었고 언약궤는 또다시 임시 처소에 머물러야 했다. 다윗은 서투른 시도를 통해 뼈아픈 교훈을 얻었다. "먼저 하나님께 여쭈어라."

다윗 왕이 두 번째 언약궤를 옮길 때는 하나님의 말씀을 따라 레위인들이 어깨에 언약궤를 메어 운반했다. 다윗의 두 번째 시도는 하나님의 은총을 받았다(삼하 6:12~15).

예배의 수레

다윗처럼 우리도 자주 블레셋 사람, 즉 세상에서 실마리를 얻어 그대로 따라 한다. 우리는 세상 밴드들이 만드는 음악과 수많은 사람을 공연장에 모으는 홍보 방식에 반해서 마치 복사-붙여넣기 하듯이 그대로 회중 예배에 적용한다. 여러분도 유튜브에서 검색만 잘하면 블레셋의 수레로 언약궤를 운반하는 법을 배우는 온라인 강의를 찾을 수 있다!

블레셋의 수레는 무엇을 상징하는가? 바로 회중 예배에서 하나님의 임재를 인간적인 방법으로 움직이려는 시도이다. 이스라엘 사람들과 다윗은 수레를 좋아했다. 심지어 레위인들도 마찬가지였다. 그러나 하나님은 수레를 기뻐하지 않으셨다. 수레로 이동하는 길이 다윗에겐 순탄해 보였을지 모르지만, 하나님에게는 험한 길이었다.

약간 풍자적으로 말하면, 현대 예배는 아주 멋진 수레를 끌고 있다. 예배 사역자들은 수레 만드는 전문가가 되었다. 우리가 원하는 사역 목표를 달성하기 위해 세련된 예배 수레를 멋지게 만든다. 우리가 만든 예배 수레는 거친 길도 잘 가도록 충격 흡수 장치를 달고, 의자는 푹신하며, 넓은 수레바퀴에 최신 덮개도 달았다. 마음만 먹으면 잠깐 인터넷 검색을 해서 세계에서 가장 유행하는 최신 예배 수레를 공부할 수 있다. 영국 수레, 호주 수레, 브라질 수레, 아프리카 수레, 캘리포니아 수레, 노스캐롤라이나 수레, 캔자스시티 수레, 댈러스 수레, 애틀랜타 수레 등 인터넷에서 자신에게 가장 잘 맞는 수레를 고를 수 있다.

우리 자신에게 질문하자. 우리는 지금 어떤 방법으로 블레셋 사람들의 신호를 받아 주님의 임재를 움직이려 하는가? 예배에 지나치게 기술적인 측면으로만 접근하는 것은 아닌가? 먼저 우리 중에 누구도 예외 없이 이런 유혹을 받는다는 사실을 인정해야 한다. 우리는 항상 빠르고 쉬운 방법을 좋아한다. 따라서 극복을 위한 첫 단계는 예배를 기술로만 접근하려는 태도를 끊임없이 경계하고 분별하는 것이다. 만일 우리가 회중 예배를 위한 힘을 성령님의 역사가 아닌 강단이나 무대 위의 화려한 기계 장치에서 얻으려 한다면 우리는 레위인의 어깨가 아닌 "기술의 수레"에 빠진 것은 아닌지 스스로 질문해야 한다.

수레를 좋아하는 레위인들

많은 레위인이 언약궤를 어깨에 짊어지는 것보다 바퀴 달린 수레로 끌기가 훨씬 쉬우므로 수레를 좋아한다. 언약궤를 긴 막대기, 운반채에 꿰어 어깨에 짊어지고 그 무게를 고스란히 느끼며 시온을 향해 한 걸음 한 걸음 내딛기는 결코 쉬운 일이 아니다. 운반채가 목을 파고들고 어깨는 쓸려서 따갑고 아프다. 언약궤의 무게에 허리와 다리가 아프고 근육이 당기며 땀이 흐른다. 주님의 임재를 운반하는 것은 힘든 일이다.

반면에 수레는 훨씬 쉽다. 우선 수레는 운반채보다 훨씬 더 효율적이다. 수레는 레위인 2명이면 충분히 끌지만, 언약궤를 어깨에 메고 옮기려면 최소 4명이 필요하다. 4명의 레위인은 빨리 지치기 때문에 또 다른 4명의 레위인이 이어받아야 한다. 아마도 시온성까지 레위인을 여러 번 번갈아 투입해야 할 것이다. 하지만 수레는 레위인 2명만 있으면 손쉽게 언약궤를 옮길 수 있다.

게다가 바퀴 달린 수레는 가속도가 붙기 때문에 훨씬 빠르게 일을 끝낼 수 있으며 군중에게서 더 효과적으로 호응을 끌어낸다. 또 비용도 저렴하다. 더 쉽게 말하면, 수레를 쓰면 교회 예산을 훨씬 줄일 수 있다! 반면에 레위인들이 어깨에 언약궤를 메고 시온으로 올라갈 때, 다윗 왕은 6걸음마다 동물의 희생 제사를 드렸다. 시온성까지의 과정은 엄청난 예산이 필요했다.

수레는 더 빨리 더 멀리 갈 수 있다. 레위인들이 언약궤를 어깨에 메는 방법은 고통스러울 정도로 느렸다. 레위인들의 걸음이 느려질수록 예배 시간도 길어진다.

좋은 예배 수레의 가장 큰 장점은 예배 시간을 단축한다는 것이다. 수레를 사용하면 30분짜리 예배를 좀 더 짜임새 있게 구성하며 20분까지 줄일 수 있다. 회중 예배를 20분까지 줄이는 데 성공하면 조금 더 노력해서 같은 내용을 17분 안에 끝낼지도 모른다. 일단 예배 시간을 17분까지 줄였다면 이제 15분 만에 강력한 예배를 드리기는 그리 어려운 일이 아니다! 이제 당신은 더 매끄럽고 효율적인 15분짜리 실시간 방송용 예배로 더 많은 회중을 끌어모을 수 있다!

이제 냉소적인 농담은 그만하고 본론을 이어가자. 나는 "어떻게 하면 회중 예배 시간을 최대한 줄이면서 생동감 있는 예배를 드릴 수 있을까?"와 같은 질문이 아니라 "이제 우리와 함께하시는 예수님을 어떻게 하면 더 잘 맞이할 수 있을까?" 같은 질문을 하게 만드는 새로운 예배의 파도가 몰려오는 것을 본다.

하나님은 예배를 축소하지 않으시며 예배를 교회 성장의 도구로 여기지 않으신다. 예배는 다른 목표나 목적을 이루기 위한 수단이 아니라 그 자체로 최종 목적이다. 사랑이 그 자체로 최종 목적인 것과 마찬가지이다. 예수님과 동행한다는 것은 우리가 예수님의 속도에 맞춰야 한다는 의미이다.

나는 "어떻게 하면 최소한의 비용으로 회중 예배에 생동감 있는 예배팀을 세울 수 있을까?" 같은 질문을 더 이상 하지 않는 새로운 예배의 파도가 몰려오는 것을 본다. 다윗은 주님의 전에서 24시간, 7일, 365일 멈추지 않고 섬길 예배자들을 세우고 후원하기 위해 엄청난 양의 국가 예산과 자원을 투입했다. 끊임없이 예배하려면 재정이 필요하다. 하나님이 원하시는 예배는 주일 아침 15분 만에 짧고 굵게 불타는 모임이 아니라 우리 마음의 제단에 24시간 내내 꺼지지 않고 타오르는 예배이다(레 6:12).

힘써 일하라

레위인들이 어깨에 언약궤를 메고 시온을 향해 걸어가는 동안 온몸이 땀으로 젖었다. 이 모습은 우리에게 레위인의 예배사역이 힘든 일이라는 것을 알려 준다. 예배를 인도하는 것은 참으로 고된 일이다. 하나님은 레위인들이 예배를 인도하는 수고와 고됨을 느끼고 알기를 원하신다. 주님은 우리가 힘들어도 예배를 짊어지고 최선의 수고를 다하기를 원하신다. 하나님은 우리가 예배를 짊어지고 조심스럽게, 천천히 한 걸음씩 발을 내디딜 때마다 어깨 위의 무게를 느끼며 마치 순례를 떠나는 것처럼 하나님의 마음을 향해 나아가길 원하신다. 내 친구 댄 보히는 혼자 앞서가는 자신의 속도를 늦추고 예수님과 나란히 걸으려고 노력한다고 말했다. 성령님과 함께 걸으려면 속도를 늦추고 천천히 가야 한다.

예배인도는 곧 하나님의 언약궤를 운반하는 일이다. 예배인도자는 예배를 인도하면서 세 가지 일을 동시에 수행한다. 눈으로 보고, 발로 걸으며, 손으로 균형을 잡는다.

예배인도자가 발로 걷는다는 말은 무슨 의미인가? 예배를 인도할 때 가끔 당신이 준비한 찬양 목록의 순서를 그대로 진행하면 하나님의 지성소를 향해 가는 길을 멀리 돌아갈 것이라는 깨달음이 올 때가 있다. 하나님의 마음을 향해 똑바로 나아가려면 때로는 우리가 준비하지 않은 일을 해야 한다.

지성소로 가기 위해 내가 선곡한 안전한 노래를 내려놓고 준비하지 않은 노래를 불러야 할 수도 있다. 내가 준비하지 않은 다른 길을 가면서 균형을 유지하는 것은 부담스럽고 힘든 일이지만 그 결과는 비교할 수 없다.

살아있는 운반자들

이제 우리가 예배하는 하나님에 관해 나누겠다. 하나님은 도구나 장치가 아닌 살아있는 피조물과 함께 움직이기 좋아하신다. 구약성경에서 하나님의 아들을 모시고 이동하는 수레는 기계나 장치가 아닌 네 생물이었다(대상 28:18에서 그룹 천사를 '수레CHARIOT'라고 부른다). 에스겔 선지자는 환상 속에서 예수님이 타신 바퀴VEHICLE를 상당히 길게 설명한다(겔 1, 3, 10장).

에스겔의 설명에서 가장 놀라운 요소는 수레의 모든 부분이 살아있다는 것이다. 네 그룹 천사는 영적인 존재이며 바퀴도 살아 있는 영이고 바퀴의 테두리도 영이며 수레의 모든 부분 하나하나가 영광을 운반하려고 함께 일하는 살아있는 영의 연합체였다. 그러므로 하나님이 임재의 언약궤를 물체인 수레가 아닌 살아있는 레위인이 어깨에 메고 운반하기를 원하시는 것은 매우 일관적인 모습이다.

성경에서 어깨는 책임을 상징한다. 하나님은 레위인들이 목자가 지녀야 할 책임감의 무게, 양 떼를 향한 사랑의 무게를 짊어지길 원하신다. 우리가 예배를 인도할 때마다 그 순간을 어떻게 어깨에 짊어지는가에 따라 회중이 하나님을 만날 수도 있고 만나지 못할 수도 있다는 거룩한 두려움을 품고 정신을 바짝 차려야 한다.

회중 예배는 이미 정한 곡 목록을 순서대로 진행하는 것이 아니라 마치 순례의 여정JOURNEY과 같다. 예배사역은 이 여정에서 양 떼를 이끄는 목자의 역할을 한다. 예배인도자는 하나님의 자녀들을 이끌고 시편 84편의 순례길을 따라 시온을 향해 간다.

예배인도자는 성공적인 예배를 위해 부름을 받은 것이 아니라 회중을 예수님께 인도하도록 부름 받았다. 그러므로 모든 예배는 시편 84편에 나오는 순례의 여정이어야 한다. 인도자는 여정의 궁극적인 목적지를 향해 가는 감각이 있어야 한다. 예배인도자는 하나님 앞에 서도록 부름을 받았다. 우리의 종착지는 예수님을 만나는 것이며 다른 종착지는 없다.

하나님의 자녀들이 예배하려고 모일 때 겉으로는 우리가 함께 하는 것처럼 보이지만 사실은 그렇지 않다. 비록 같은 장소에 모였지만 우리 생각과 감정은 여전히 흩어져 있다. 그러므로 예배 사역자들은 양 떼를 모아 하나 된 공동체의 정체성을 확보하기 위해 노력해야 하나님과 만나는 예배의 여정을 함께 할 수 있다.

우리는 구체적인 목적지가 있는 예배를 원한다. 그리고 성령님 안에서 실제로 그 목적지에 도착하여 성취와 완성의 감동을 누려야 한다. 우리가 모두 "시온에서 하나님 앞에 각기 나타나기" 전까지는 우리 마음이 결코 온전히 만족하지 못할 것이다(시 84:7). 우리는 하나님을 원한다!

임재PRESENCE와 제작PRODUCTION 사이의 긴장

내 친구 케일럽 컬버는 앞으로 예배의 다음 파도는 완벽함보다는 임재에 더 초점을 맞출 것이라고 말했다. 하나님은 현대의 풍조와 유행과 다른 감동을 주실 것이다. 최근의 유행 몇 가지는 강단만 간신히 보일 정도의 어두운 성전 조명과 반대로 화려한 조명으로 꾸민 강단, 노란 LED 백열 줄 전구, 환상적인 분위기를 자아내는 안개 발생기가 있다. 우리는 이런 좋은 장비를 반대할 필요가 없지만 그렇다고 이것이 전부인 것처럼 속으면 안 된다.

기획과 제작은 임재가 아니다. 기술과 창의적인 장비가 예배에 도움을 주는 것은 좋지만 기술과 장비 자체가 예수님의 임재를 향한 우리의 갈증을 완전히 해소할 수는 없다.

공연 기획과 기술 장비는 예배를 콘서트 문화의 일부로 만드는 경향이 있다. 콘서트 같은 예배 문화는 국제적인 산업이 되었다. 제레미 리들이 말한 것처럼 지금이야말로 예배 역사상 모든 잘못된 목적으로 예배인도자가 되기에 가장 좋은 때이다. 하나님은 앞으로 다가올 10~20년 동안 많은 예배인도자와 작곡자들이 자신의 명성 위에 쌓아 올린 잘못된 연예인 문화CELEBRITY CULTURE를 무너뜨리도록 우리를 도우실 것이다.

내가 제레미 리들이 말한 연예인 문화를 놓고 로라 수겔리스와 대화를 나누었을 때 로라는 실제로 예배인도자들이 자주 연예인으로 변질한다고 말했다. 예배인도자들이 연예인이 되면 자기 모습이 대중에게 어떻게 보이는지 신경 쓰기 때문에 주님의 임재안에서 눈물과 콧물로 범벅이 되어 예배하는 자유를 잃어버리고 멋진 모습을 유지하기 위해 애쓴다.

우리는 다가올 예배의 다음 파도에서 때로는 넘어지고 흔들리며 실수할 수 있는 자유를 찾아야 한다. 누구든 파도를 타는 사람들은 모든 사람이 보는 드넓은 해변에서 공개적으로 실수도 하고 허우적거리기도 한다. 만약 우리가 예배사역에서 연예인 문화를 확실히 버리지 않는다면 우리가 연예인처럼 추종하는 예배인도자들이 우리가 타야 할 예배의 다음 파도를 놓치게 할지도 모른다.

전기 수레의 전원이 꺼질 때

우리가 예배에서 기술과 장비에 지나치게 의존한다는 사실을 깨닫도록 하나님이 사용하시는 방법은 우리가 사용하는 전자 제품의 전기를 차단하시는 것이다. 많은 예배인도자가 예배 시간에 정전되는 경험을 했으며 그 상황을 해결하려고 안간힘을 쓰면서 몇 가지를 관찰하고 배웠다고 고백한다.

내 친구 클레이턴 브룩스가 교회에서 "예배의 밤"을 진행하기 몇 시간 전에 건물 전체가 정전되었다. 몇 주간을 준비하며 광고한 예배에 많은 사람이 시간 제약 없이 함께 예배한다는 사실에 크게 기뻐하며 기대했지만, 집회 당일 오후 건물 전체가 정전되자 클레이턴은 완전히 실망해서 예배를 거의 취소할 뻔했다.

하지만 다른 형태의 예배를 생각해 냈다. 전자 악기 없이 강단에 그랜드 피아노를 놓고 주변에 100개의 의자를 배치한 후 "어쿠스틱 예배의 밤"을 진행한 것이다. 클레이턴은 예배 인도가 굉장히 어려웠지만 서로의 예배를 보고 들으며 함께 교감하는 독특하고 특별한 경험을 했다. 그 이후 교인들은 수 개월간 그날의 예배가 최고였다고 고백했다.

여러분이 내가 말하려는 핵심을 잘 이해할 수 있도록 세 가지 이야기를 더 나누겠다.

데이지 버건은 더운 여름날 예배 시간에 정전이 되는 경험을 했다. 하지만 그 누구도 찬양을 멈추지 않고 계속 노래했다. 드럼 연주자는 부스에서 나와 젬베를 연주했다. 데이지가 말하길, "회중의 찬양 소리가 들렸어요. 우리 모두 한목소리로 노래했죠. 정말 아름다웠어요. 성령님이 우리와 함께 하셨어요."

트레이시 화이트헤드는 미국 캔자스시티 국제 기도의 집IHOP에서 예배인도자 코리 애즈베리가 인도한 예배를 이야기했다. 코리가 "나는 주의 사랑받는 자이며 주님은 나의 것입니다. 내 정원에 오셔서 기쁨을 누리소서"라는 가사의 찬양을 부르던 중 번개가 치고 건물이 정전되었다. 하지만 코리는 무대 앞으로 나와 기타를 들고 앉아서 계속 찬양했다. 트레이시는 "어둠 속에서 주변의 모든 사람이 찬양하는 소리를 듣는 것은 정말 놀랍고 아름다웠어요!"라고 말했다.

태미 올리버는 목회자인 남편이 설교를 마치고 예배팀을 강단 위로 부른 순간을 이야기했다. 예배팀이 강단에 막 도착했을 때 "퍽!" 소리와 함께 정전되었다. 어쿠스틱 기타 연주자가 기타를 들었고 모든 회중이 자신의 핸드폰 불빛을 켰다. 태미는 이렇게 말했다. "우리가 노래하고 예배하는 순간이 정말 아름다웠어요. 예배 후에 강단 초청을 하지 않았는데도 몇몇 사람이 스스로 강단 앞에 나와 구원받기를 원한다고 말했어요."

다시 말하지만, 종종 우리가 만든 "공연 기획과 제작"이 실패할 때 우리는 예배에서 가장 참되고 중요한 것, 즉 예수님의 얼굴에 시선을 고정하는 법을 배운다.

흙으로 만든 제단

블레셋 사람들의 수레 이야기는 출애굽기의 두 가지 비유를 품고 있다. 하나님은 모세에게 하나님이 원하시는 예배를 위한 제단을 어떻게 세워야 하는지 구체적인 방법을 알려주셨다.

24 내게 토단을 쌓고 그 위에 네 양과 소로 네 번제와 화목제를 드리라 내가 내 이름을 기념하게 하는 모든 곳에서 네게 임하여 복을 주리라 25 네가 내게 돌로 제단을 쌓거든 다듬은 돌로 쌓지 말라 네가 정으로 그것을 쪼면 부정하게 함이니라 (출 20:24~25)

딕 그라우트는 이 제단이 얼마나 단순하고 평범한지 강조한다. 하나님이 모세에게 명령하신 제단은 토단, 즉 흙으로 만들어야 했으며, 만일 돌로 쌓는 경우 정과 끌 같은 도구로 다듬지 말아야 했다. 예배는 정교하게 기획하여 세우는 것이 아니라 흙처럼 소박한 것으로 세운다.

천국 예배

하나님이 우리에게 받기 원하시는 성경적인 예배의 모습은 요한계시록에 가장 분명하게 나온다. 우리는 이 땅에서도 천국에서처럼 예배하기를 원한다. 사도 요한이 경험한 천국 예배를 자세히 들여다보면 흥미로운 특징 하나를 발견한다. 바로 예배에 하나의 악기, 거문고[HARPS]만 사용한다는 점이다.

물론 계시록에는 나팔도 등장하지만, 예배 악기가 아니라 하나님의 말씀을 알리는 용도이다.

나는 이것이 천국 예배가 악기 중심이 아니라 목소리 중심이라는 사실을 우리에게 보여준다고 생각한다. 사실 천국 예배의 유일한 악기인 거문고도 회중 예배를 이끄는 악기가 아니라 어린양을 향한 예배자의 전심을 다 한 사랑 고백을 표현하는 수단일 뿐이다.

또 나는 사도 요한이 목격한 천국 예배에 무대나 음향 시스템, 예배인도자가 없다는 사실이 참으로 흥미롭다. 천국 예배의 어떤 점이 우리의 마음을 사로잡는가? 바로 단순함과 유기적 생명력이다. 천국의 예배는 기계적이거나 기술적이지 않고 유기적이다.

"영과 진리로 드리는 예배"의 단순한 모습에 예배의 핵심이 담겨 있다. 이것이 우리가 미래에 맞이할 새로운 예배의 파도이다.

파도 타는 사람들을 위한 질문

1. 예배에서 "인간의 수단과 방법"이 아니라 오로지 성령님의 권능이 주도하며 역사하는 놀라운 순간을 경험한 적이 있는가? 있다면 그 경험을 나누어 보자.

2. "예배를 인도하는 것은 참으로 고된 일이다"라는 말에 동의하는가? 동의한다면 어떤 점에서 동의하고 동의하지 않는다면 어떤 점에서 동의하지 않는지 나누어 보라.

NEXT WAVE

WORSHIP IN A NEW ERA

10장

회중의 노래를 회복하라

노래는 음악으로 드리는 기도이며 예배인도자는 회중이 기도로 하나님과 연결하도록 돕는다. 노래는 우리가 하나님을 만나도록 돕는 성령님의 놀라운 선물이다. 회중 예배의 가장 중요한 목표는 회중의 노래를 풀어 놓는 것이다. 회중의 노래를 풀어 놓는 것은 매우 중요하고 엄청난 목표다. 그러나 연약한 사람의 본성은 거룩한 하나님의 임재 앞에서 자기 얼굴을 가리고 목소리를 억누르기 때문에 회중의 노래를 풀어 놓기는 참으로 어려운 목표이기도 하다. 주님은 사랑하는 신부에게 이렇게 말씀하신다.

> 내가 네 얼굴을 보게 하라 네 소리를 듣게 하라 네 소리는 부드럽고 네 얼굴은 아름답구나 (아 2:14)

앞서 말한 것처럼 우리 보편적인 성향은 마음 문을 열기보다는 닫기 때문에 주님은 항상 우리가 마음을 열도록 권면하고 설득하신다. 이런 인간적인 경향 때문에 회중 예배에 참여하는 사람들은 점점 더 입을 다물고 시키는 대로 따라가는 모습으로 변했고 반대로 무대나 강단의 예배팀은 점점 더 예배 전체를 장악하고 회중을 이끌기 시작했다.

우리 고질적인 성향을 바꾸기는 매우 어려운 과제이므로 회중에게서 신부의 목소리를 끌어내려면 지도력의 구체적인 계획과 의지가 필요하다. 나는 예배의 다음 파도에서는 이 목표를 성취하려고 헌신하는 전 세계의 예배사역팀을 본다. 예배사역의 실력은 자기 노래를 얼마나 잘 연주하고 부르는지가 아니라 회중의 노래를 얼마나 잘 풀어내고 끌어내는지가 예배사역의 진짜 실력의 기준이 될 것이다.

우리는 어떻게 회중의 노래를 잃어버렸는가?

앞서 살펴본 것처럼 오늘날 전 세계 교회가 1960년대 예배의 모습으로 돌아가서 4곡의 찬양을 연속으로 부른다. 노래가 끝나면 예배도 끝난다. 예배자들 대부분이 4곡의 찬양을 노래하는 것 너머로 나아가지 않기 때문에 회중의 노래를 경험하지 못한다.

그러나 우리 예배는 항상 지금 같은 모습이 아니었다. 예를 들어 1970년대 은사주의 운동에서는 회중의 노래가 큰 열정 속에서 역동적으로 터져 나왔으며 이런 모습이 80년대와 90년대 초반까지 이어졌다. 하지만 우리는 이 활력을 잃어버리고 다시 조용해졌다. 오늘날 우리는 예배 작곡자들의 노래와 무대 위의 노래, 예배 밴드의 노래는 부르지만, 회중의 노래를 잃어버렸다.

우리는 주일 아침 교회에 가서 응접실의 커피를 골라 머그잔에 담은 후 성전에 들어가서 자리를 잡고 앉아 커피를 한 모금 마시며 예배 밴드가 예수님을 열정적으로 찬양하는 모습을 관람한다. 곧이어 예배인도자의 인도를 따라 일어나서 다시 커피를 한 모금 마시고 눈으로 스크린의 가사를 따라 부르며 강단 위의 따뜻한 "예배 모닥불"에 손을 뻗어 온기를 느낀다. 이런 예배는 회중을 편안하게 품어주기 때문에 환영받지만 우리 안의 노래, 회중의 노래를 끌어내지는 못한다.

우리는 어떻게 회중의 노래를 잃어버렸는가? 내가 생각하는 이유는 우리가 1970년대, 80년대, 90년대에 하나님이 우리에게 주신 예배의 선물을 잃어버렸기 때문이다. 이제 우리가 잃어버린 예배의 선물이 무엇인지 알아보자.

3장에서 말한 것처럼 1970년대에 주님은 교회에 "성령 안에서 노래하기" 혹은 "자유로운 예배"라는 선물을 주셨다. 이 선물은 강단 위 예배팀의 악기 연주가 중심이 아니라 회중의 열정적인 목소리가 중심이었다. 물론 회중이 성령 안에서 노래할 때 악기 연주자들도 코드 진행을 연주했지만, 악기 연주가 없어도 회중의 노래를 진행하는 데 아무 문제가 없었다. 회중은 주님께 각자의 가사와 음역으로 자기만의 노래를 자유롭게 올려드렸다.

모든 사람이 성령님의 감동을 받아 동시에 찬양했고 이 노래들은 서로 연합하여 하나의 찬양으로 어우러졌다. 예배자들은 자기 나라말과 방언의 은사 사이를 매끄럽게 오가며 노래했다. 회중이 알려진 찬양을 부른 후에도 예배가 계속 이어졌는데, 그 이유는 회중 전체가 사랑과 기쁨을 담아 즉흥적인 노래를 멈추지 않고 계속 불렀기 때문이다.

성령 안에서 즉흥적으로 노래하며 찬양하는 것은 빛 되신 아버지에게서 온 아주 귀한 선물이었지만 일부 교회가 이 귀한 선물을 방언으로 노래한다는 이유로 거부했다. 2000년대에 이런 교회 중 일부가 예배 운동에 다시 합류했지만, 여전히 성령 안에서 노래하는 것을 바른 예배사역으로 인정하지 않았다. 새로운 곡으로 노래하고 손을 들고 찬양하며 손뼉 치고 심지어는 큰 소리로 외치기도 했지만, 성령 안에서 노래하는 것은 거부했다. 그 결과 대부분의 그리스도의 몸 된 교회와 과거에 성령 안에서 노래하기를 실행한 교회마저도 회중의 노래라는 선물을 잃어버렸다.

1980년대에 주님이 우리에게 주신 또 다른 선물은 리듬과 코드 진행으로 풀어내는 자유로운 예배이다(4장을 참고하라). 여러 코드의 조합과 진행으로 다양한 형태와 분위기로 노래할 수 있었으며 리듬 악기가 추가되어 강렬하고 열정적으로 예배했다. 성령 안에서 자유롭게 노래하는 예배는 리듬 악기와 코드 진행으로 회중의 노래를 풀어내는 강력한 힘이 있는 천국에서 내려온 선물이었다. 그러나 70년대에 성령 안에서 노래하기를 받아들이지 않은 교회들은 80년대의 리듬과 코드 진행으로 찬양하는 선물도 거부했다.

2000년대에 들어서 이 교회들은 방언의 거부감을 조금씩 걷어냈지만 1980년대에 귀한 예배의 선물인 "자유로운 예배"가 있었다는 사실을 알지 못했으며 그 결과 2000년대에는 세계 교회 대부분에서 회중의 노래가 사라졌다.

2000년대에 들어 시작한 예배 운동은 대부분 성령 안에서 즉흥적으로 노래하지 않았다. 예배 운동에 참여한 젊은 예배인도자들은 찬양 인도법은 배웠지만 영적인 노래(엡 5:19)는 배우지 못했다. 그 결과 회중의 노래는 점차 줄어들었으며 1960년대의 예배 형식으로 돌아갔다. 달리 말하면 우리는 하나님이 주신 선물을 받지 않고 1960년대에서 2000년대까지 30년을 건너뛰어 버린 것이다. 이제 우리는 예배에서 무엇을 잃어버렸는지 깨달아야 한다.

이 책에서 내가 주장하는 것은 간단하다. 하나님이 우리 예배에 주신 귀한 선물을 다시 회복하자! 과거의 예배 제단으로 나아가서 이 귀중한 선물을 다시 찾아오자. 그리고 새로운 시대의 예배에 이 선물을 유업으로 남기자. 과거에 주신 하나님의 선물, 회중의 노래를 현대의 예배에 회복하고 미래의 예배에 전해주자!

하나님이 주신 70년대와 80년대의 선물을 2000년대의 예배에 하나로 통합할 때, 새로운 예배의 파도가 몰려올 것이다. 수십 년의 노래가 하나로 합쳐지면 폭발적인 일이 일어난다.

노래 너머의 예배

어떻게 하면 회중의 노래를 회복하고 일깨울 수 있을까? 이 질문의 답은 이 책에 전부 담을 수 없을 만큼 많아서 우선 이 주제에 관한 대화를 시작하는 데 필요한 몇 가지를 살펴보겠다.

먼저 우리는 하나님의 자녀들에게 노래 너머의 노래를 가르쳐야 한다. 노래 너머의 노래가 무엇인가? 많은 교회에서 회중은 예배 밴드가 잘 알려진 찬양을 인도할 때만 노래 부른다. 회중은 예배 밴드에 의존적인 예배자가 되었다. 즉, 강단 위의 예배팀이 적절한 찬양을 부르지 않으면 회중은 예배하지 않는다. 강단 위의 예배팀이 준비한 찬양이 다 끝나면 회중의 예배도 끝난다.

알려진 찬양이 끝나면 회중은 더 이상 부를 노래가 없다. 스크린에 가사가 사라지면 회중은 일제히 침묵한다. 노래가 끝나면 예배가 멈춘다. 마치 우리 예배가 단지 노래로만 이루어진 모습이다. 그러나 하나님의 자녀들은 강단 위에서 부르는 노래가 끝난 후에도 노래할 수 있도록 훈련해야 한다. 노래가 멈춰도 주님을 향한 우리 사랑은 절대 멈추지 않기 때문이다.

나는 이런 예배 유행을 "그림엽서 예배"와 비슷하다고 생각한다. 예배실 스크린에 나오는 찬양의 가사는 마치 그림엽서 위의 세련되고 아름다운 시 한 편을 보는 듯하다. 예배자들이 하나님께 진심을 담아 뜨거운 마음으로 아름다운 가사를 노래하지만, 스크린의 가사가 끝나면 엽서 위의 글귀가 끝나는 것처럼 예배자의 찬양도 멈춘다. 마치 이 모습은 예수님을 향해 우리 마음에서 우러나오는 사랑을 고백할 줄 모르는 것처럼 보인다. 우리가 찬양 작곡가들에게 지나치게 의존한 결과 아름다운 가사가 없으면 마음에서 우러나오는 예배를 할 수 없는 예배자들이 되었다.

지난 20여 년간 우리는 그림엽서의 서정적인 글귀처럼 아름다운 찬양의 가사를 쓸 수 있는 작곡자들을 일으키려고 노력했다. 그러나 이제 우리는 예배의 다음 파도에서 성도들이 자신의 노래를 주님께 올려드리도록 돕는 산파의 역할을 감당해야 한다.

회중의 노래는 잘 알려진 예배 곡과 찬송가의 가사에 의존하지 않는다. 회중의 노래는 예수님의 십자가 사랑에 눈뜬 불같은 성도들의 마음에서 자발적으로 흘러나오는 노래다. 신자들은 예수님의 십자가와 가시관과 손과 발에 박힌 못을 바라보며 하나님의 아들을 향한 사랑으로 불타오른다.

예배자들의 눈은 왕 중의 왕이신 예수님의 아름다움에 매료되어 하나님의 어린 양께 노래할 수밖에 없다. 예배는 하나님을 볼때 제일 먼저 나오는 반응이다.

주님을 향해 불타오르는 예배자들은 강단 위의 노래가 끝나도 예배를 멈추지 않는다. 강단 위의 찬양은 끝나도 회중의 노래는 끝나지 않는다. 예배자들은 강단 위의 노래 너머 자기만의 고백을 노래할 수 있는 자유와 자신감을 되찾은 사람들이다. 강단 위의 노래가 끝나도 회중은 오직 자신만이 하나님께 고백할 수 있는 노래를 계속 부른다.

주님을 향해 불타오르는 예배자들은 성령 안에서 방언으로 노래할 수도 있으며 자신의 모국어로도 노래할 수 있다. 또한 시편이나 다른 성경 말씀으로도 노래할 수 있다(고전 14:15; 엡 5:19; 골 3:16). 회중의 노래를 표현하는 방법에는 제한이 없으며 예수님을 향한 생생한 사랑으로 가득 차서 성령님이 이끄시는 대로 어떤 방식으로든 표현할 수 있다.

예배의 다음 파도에서 예배사역은 신자들이 강단 위의 노래 너머 자신만의 찬양을 부르는 방법을 배우도록 도울 것이다.

부흥

앞으로 다가올 시대에 무엇이 회중의 노래를 일깨워 끌어낼 것인가? 바로 부흥이다! 과거 역사에 있었던 모든 부흥의 공통적인 특징은 회중의 노래가 뚜렷하게 회복되는 것이다. 부흥이란 무엇인가? 배닝 리브셔BANNING LIEBSHER는 이렇게 말한다.

"부흥이란 하나님의 임재와 권능이 특징적으로 나타나는 성령의 역사로, 교회를 예수님과 지상 대명령을 향한 더 큰 열정으로 일깨워 이 땅의 문화를 변혁하며 잃어버린 영혼의 구원을 보게 한다."

하나님은 과거의 모든 부흥에서 거의 예외 없이 새 노래를 사용하셔서 회중의 노래를 회복하셨으며 성도들이 새롭게 발견한 기쁨을 성령님 안에서 표현하게 하셨다. 많은 부흥의 중심에는 부흥을 이끈 설교자와 예배인도자 혹은 작곡자가 존재한다.

몇 가지 역사의 사례를 살펴보자.

요한 웨슬리의 사역은 형제이자 작곡자인 찰스 웨슬리의 사역으로 보완되었다. 웨슬리안 부흥 운동에서 가장 주목할 특징은 회중의 노래를 풀어낸 것이다. 찰스 웨슬리는 약 6,500곡의 찬송가를 작곡했으며 이 노래들은 감리교 운동에 하나님의 역사를 높이는 풍부한 어휘와 표현을 제공했다.

빌리 선데이의 복음 전도사역은 노래인도자이며 음악 감독인 호머 라디히버의 큰 도움이 있기에 가능했다.

드와이트 무디의 복음 전도사역은 노래인도자이자 작곡자인 아이라 생키가 힘을 더했다.

로스앤젤레스 아주사 거리 부흥(1906~1915)은 설교자인 윌리엄 세이모어가 이끌었지만, 이전의 다른 부흥 운동처럼 함께 사역한 노래인도자는 없었다. 그런데도 이 부흥 운동의 특징은 열정적인 회중의 노래였다. 아주사 거리 부흥의 시대에 많이 불린 찬양들은 「이 기쁜 소식을」, 「예수 십자가에 흘린 피로써」, 「나의 죄를 씻기는 예수의 피 밖에 없네」, 「예수 보혈 아래」^{UNDER THE BLOOD}, 「나에게는 천국과 같도다」^{THIS IS LIKE HEAVEN TO ME}, 「내 영혼이 은총 입어」, 「참으로 달콤한 예수의 이름」^{THE NAME OF JESUS IS SO SWEET}, 「사랑하는 예수님」^{OH, HOW I LOVE JESUS}등이 있다. 부흥회를 시작하면 회중은 모든 찬양을 목소리로만 불렀다. 진정한 회중의 노래였다. 또 "방언으로 노래하기" 역시 이 부흥의 일반적 현상이었다.

에반 로버츠가 이끈 웨일스 부흥은 회중의 노래가 강력하게 일어난 부흥이었다. 당시의 집회는 강단에서 노래인도자가 주도하지 않았으며 회중 안에서 즉흥적인 찬양의 노래가 터져 나왔다. 회중의 노래에 담긴 힘이 정말 매력적이어서 신문 기자들이 특종으로 자주 다룰 정도였다. 부흥 집회는 기도와 찬양, 말씀 선포가 물 흐르듯이 자유롭게 흘러갔다.

1967년 무렵에 시작한 은사주의 운동은 과거 부흥처럼 한 명의 중심인물이 아닌 여러 명의 유명한 설교자와 많은 찬양인도자와 작곡자들이 이끌었다는 점이 독특했다. 3장에서 말한 것처럼 은사주의 운동 또한 뜨거운 회중의 노래로 널리 알려졌다. 회중은 오랜 시간 성령 안에서 노래했으며 이 노래의 힘은 악기가 아닌 오로지 회중에게서 흘러나왔다.

회중의 노래와 부흥은 이미 역사 속에서 우리와 함께 해왔다. 부흥이 일어날 때마다 수많은 사람이 물세례를 받았고 뜨거운 기도 모임이 일어났으며 회중의 노래가 함께 했다.

우리 안에 회중의 노래를 회복하려는 마음이 점차 커진다면 우리는 부흥을 향해 전진하고 있다는 증거이다. 나는 담대히 선언한다. "우리는 부흥을 향해 나아간다!" 우리에게 다가올 부흥의 파도가 교회를 깨우고 회중의 노래를 회복하는 모습을 지켜보라. 회중의 노래를 깨우는 또 다른 요소는 무엇일까?

기사와 표적

기사WONDERS와 표적SIGNS은 회중의 노래를 풀어낸다. 왜 그럴까? 하나님이 권능과 영광으로 우리 중에 역사하시는 것을 보면 우리는 우리 중에 임재하시는 하나님을 소리 높여 찬양할 수밖에 없기 때문이다. 이것이 바로 예수님이 예루살렘에 입성하실 때 군중을 휩쓴 예배의 모습이다. 누가복음은 이 사건을 기록하면서 사람들이 소리 높여 부르는 노래를 기사와 표적과 연결한다.

37 이미 감람산 내리막길에 가까이 오시매 제자의 온 무리가 자기들이 본 바 **모든 능한 일로 인하여** 기뻐하며 큰 소리로 하나님을 찬양하여 38 이르되 찬송하리로다 주의 이름으로 오

시는 왕이여 하늘에는 평화요 가장 높은 곳에는 영광이로다 하니 39 무리 중 어떤 바리새인들이 말하되 선생이여 당신의 제자들을 책망하소서 하거늘 40 대답하여 이르시되 내가 너희에게 말하노니 만일 이 사람들이 침묵하면 돌들이 소리 지르리라 하시니라 (눅 19:37~40)

예수님이 예루살렘에 입성하시자 회중의 노래가 폭발적으로 터져 나왔다. 예수님이 이스라엘에 행하신 능한 일, 즉 기사와 표적과 병 치유와 기적이 회중의 마음에 불을 붙였다.

나는 이제 다가올 예배의 다음 파도에서 놀라운 성령님의 능력이 풀어질 것을 믿는다. 암이 사라지고 눈먼 사람이 눈을 뜨며 귀신이 쫓겨나고 소아마비와 중풍 환자가 휠체어에서 일어나며 정신질환이 즉시 치유되는 성령님의 권능이 극적으로 역사하는 것을 본다.

시편 기자는 이렇게 기록한다. "즐겁게 소리칠 줄 아는 백성은 복이 있나니 여호와여 그들이 주의 얼굴빛 안에서 다니리로다"(시 89:15). "즐겁게 소리칠 줄 아는" - 즐거운 소리는 무엇인가? 하나님이 자기 자녀들을 향하여 얼굴빛을 비추시며 기사와 표적과 권능과 병 치유를 나타내실 때 하나님의 자녀에게서 터져 나오는 찬양을 의미한다. 태어날 때부터 아무것도 볼 수 없고 듣지 못한 사람들이 갑자기 보고 듣고 말할 때, 예수님이 예루살렘에 입성하시자 온 예루살렘 성이 진동한 것처럼 하나님의 자녀들에게서 즐거운 찬양의 소리가 터져 나와 온 땅의 도시를 뒤흔들 것이다.

예수께서 예루살렘에 들어가시니 온 성이 소동하여 이르되
이는 누구냐 하거늘 (마 21:10)

기적과 치유는 예배사역의 영역이다. 예배인도자들이여, 여러분이 인도하는 예배에서 기사와 표적이 나타날 때까지 긴장을 늦추거나 물러서지 말고 예배하라. 한 번 더 힘주어 강조한다. 우리에게 다가올 예배의 다음 파도에서 하나님이 강력한 기사와 표적으로 교회를 방문하셔서 회중의 노래를 풀어 주실 것이다.

회중의 노래가 풀어지도록 섬기는 예배팀

현재 교회 회중 예배의 추진력은 강단 위 예배팀에게서 나오지만, 예배의 다음 파도에서는 강단이 아니라 회중이 예배를 이끌 것이다. 우리 예배사역이 이런 예배에 도달하려면 굳게 잠겨 있는 회중의 노래를 여는 비전을 받아야 한다. 강단 위의 예배팀과 회중이 서로 화답하는 성가대처럼 예배하는 모습을 상상해 보라. 나는 다가올 예배의 파도에서 지금처럼 강단 위의 예배팀이 예배를 이끌고, 회중은 반응하는 것이 아니라 서로 번갈아 가며 예배를 인도하고, 반응하는 예배를 본다.

예배사역의 목적은 예배팀의 압도적인 소리로 회중의 노래를 대체하는 것이 아니다. 오히려 예배팀은 회중이 노래하도록 권면하고 영감을 주어 회중의 노래를 풀어 놓아야 한다. 하지만 예배사역팀이 주의를 기울이지 않으면 화려한 전자 음향과 시스템의 힘 때문에 예배사역의 궁극적인 목적을 훼손할 수 있다.

예배팀은 앞서 9장에서 다룬 최신 음향 기술과 새로운 예배 곡과 멋진 음향 장비라는 예배의 수레로 회중의 노래를 대체하는 것이 아니라 선한 청지기로서 예배사역에 주어진 다양하고 좋은 도구를 효과적으로 사용하여 하나님의 자녀들의 마음에서 찬양이 전심으로 우러나오도록 도와야 한다.

지금까지 교회는 예배사역자들에게 무대와 강단 위에서 모닥불을 피우는 수준의 비전을 제시했으며 이 비전을 따라 예배팀이 모닥불을 피우는 모습을 보며 즐거워했다. 그러나 우리는 모닥불보다 더 큰 것이 준비되어 있다는 사실을 깨달아야 한다. 이제 예배사역은 모닥불의 비전이 아니라 회중 전체를 뜨겁게 불태울 만한 산불의 비전을 받아야 한다.

예배인도자들이여, 성령님께 회중의 노래를 풀어낼 수 있는 실제적인 비결을 알려달라고 구하자. 이 비결은 우리가 예배의 다음 파도에 올라타는 데 큰 도움을 줄 것이다.

영적 전쟁 찬양

공동체가 함께 찬양으로 영적 전쟁을 하려면 회중의 노래를 회복해야 한다. 우리는 역대하 20장에서 이스라엘 전체가 예배를 통해 단체적인 영적 전쟁을 수행하는 모습을 본다.[1]

지역 교회는 그 지역에서 하나님 나라의 전초기지가 되어 도시에 빛과 진리를 비추며 어둠의 권세들과 싸운다. 교회가 지역

---

1. 영적 전쟁 찬양의 성경적 이해는 나의 책 《찬양으로 가슴 벅찬 예배》 3장을 참고하라.

에서 영적 전쟁을 수행하는 방법은 찬양으로 예수 그리스도의 권세와 통치를 선포하는 것이다. 예수님은 "하늘과 땅의 모든 권세를 내게 주셨으니"(마 28:18)라고 말씀하셨으며, 사도 요한은 예수님이 "땅의 임금들의 머리"시라고 말한다(계 1:5). 그러므로 우리가 찬양으로 그리스도의 권세와 능력을 높일 때 어둠의 권세들을 향해 예수님이 우리 도시의 주님이심을 알리는 것이다.

영적 전쟁 찬양은 교회가 그리스도의 주권에 순복하며 지역의 흑암의 세력에는 저항한다는 사실을 열정적인 모습으로 담대히 나타낸다. 우리는 미혹의 영의 거짓말에 속아 어두워진 사람들의 마음과 생각을 찬양에 담긴 그리스도의 빛과 진리로 사로잡기를 원한다(고후 4:4; 엡 4:18; 딤후 2:26). 예배의 다음 파도에서는 교회가 담대히 일어나 회중의 노래로 자신의 지역에 하나님의 찬양을 선포할 것이다.

전도서의 말씀처럼 천하 범사에 때가 있기에 모든 형태의 찬양과 예배도 적절한 때가 있다. 조용한 묵상을 위한 시간, 예수님과의 친밀한 교제를 위한 시간, 목청껏 기쁨으로 주님을 높일 때가 있다. 회중 예배의 중심은 기쁨의 찬양과 하나님을 향한 사랑 고백, 축제의 모습이 주를 이룬다. 부드러운 경배의 시간에 영적 전쟁이 일어나는 경우가 드문 이유는 모든 것이 때가 있기 때문이다.

예배의 다음 파도에서 성령님은 우리 찬양이 전투적으로 나아가는 특별한 순간을 허락하시기 때문에 우리는 이것을 놓치지 않도록 미리 준비해야 한다. 시편 66:8 "그의 찬양 소리를 들리게 할지어다"는 이런 형태의 예배를 지지하는 좋은 말씀이다.

예수님, 회중의 노래를 깨우셔서 우리가 지금 일어나는 모든 성령님의 파도를 타게 하소서!

상호작용하는 예배

예배의 다음 파도는 주로 수직적 예배와 수평적 예배에 초점을 맞출 것이다. 회중 예배의 초점은 위(수직)와 주위(수평)에 있다. 이것이 어떤 의미인지 살펴보자.

수직적 예배^{VERTICAL WORSHIP}는 인격적이신 그리스도께만 친밀함과 전심을 다 해 몰입하는 예배이다. 수직적 예배에서 우리 모든 시선은 장엄하고 놀라우신 주 예수님께 완전히 집중한다. 그리스도의 몸 된 교회는 지난 30년간 예수님과의 친밀함을 강조하며 놀라운 모습으로 수직적 예배를 일으켰다. 베델 뮤직이나 국제 기도의 집^{IHOP} 등의 사역이 예수님을 향한 친밀한 헌신을 강조하며 우리가 수직적 예배로 나아가도록 돕는 중요한 역할을 했다.

그리스도의 몸 된 교회의 또 다른 진영은 수평적 예배^{HORIZONTAL WORSHIP}를 탁월하게 일으켰다. 수평적 예배란 예수님의 이름을 높이기 위해 한자리에 모인 예배자들 사이에서 일어나는 상호 작용과 역동적인 축제의 예배를 의미한다. 수평적인 예배에서 예배자들은 내면이나 하나님께만 집중하는 것이 아니라 서로 반응하며 축제를 즐긴다.

내 개인적인 경험에서, 수평적인 예배는 아프리카계 미국인 교회가 주도했다. 회중 모두가 함께 축제 같은 예배를 드리는 모습은 수평적인 예배의 모습을 잘 보여준다. 또한 아프리카 사람들뿐만 아니라 남미 히스패닉 계열 사람들도 전 세계 교회에 수평적인 예배의 모습을 잘 보여준다. 역동적인 수평적 예배는 회중의 노래를 풀어내는 데 큰 도움을 준다.

만일 조용히 내면을 들여다보며 묵상하는 예배를 드리고 싶다면 가장 좋은 장소는 개인적인 골방이다. 반면에 회중의 노래가 서로 만나 수평적으로 반응하며 점점 커지면서 수직적으로 예배하기를 원한다면 회중 예배에 참여해야 한다.

예배의 수직적 차원과 수평적 차원을 함께 경험할 수 있는 예배의 다음 파도가 몰려오고 있다. 서로 다른 두 차원의 예배가 만나는 상승효과로 회중의 노래가 울려 퍼질 것이다.

열방의 노래

이사야는 마지막 때에 모든 나라에서 노래가 일어날 것이라고 예언했다(사 24:14~16; 26:1~2). 모든 나라에서 회중의 노래가 풀어져 유튜브, 비메오 같은 플랫폼을 통해 전 세계에 알려질 것이다.

10 항해하는 자들과 바다 가운데의 만물과 섬들과 거기에 사는 사람들아 여호와께 새 노래로 노래하며 땅끝에서부터 찬송하라 11 광야와 거기에 있는 성읍들과 게달 사람이 사는 마을들은 소리를 높이라 셀라의 주민들은 노래하며 산꼭대기에서 즐거이 부르라 12 여호와께 영광을 돌리며 섬들 중에서 그의 찬송을 전할지어다 (사 42:10~12)

내가 이 글을 쓰는 시점에 전 세계에 알려진 예배 곡은 대부분 미국, 캐나다, 영국, 남아프리카 공화국, 호주, 뉴질랜드처럼 영어를 사용하는 나라에서 나온다. 그러나 예배의 다음 파도에서는 스페인어, 프랑스어, 독일어, 러시아어, 한국어, 중국어, 포르투갈어, 힌디어, 아랍어, 히브리어, 스와힐리어 등 다양한 언어로 만든 찬양이 국제 언어인 영어로 번역되어 전 세계에 방송될 것이다.

아프리카를 주목하라. 예배의 새로운 노래와 소리가 아프리카에서 솟아난다. 또한 신자들을 핍박하는 나라에서 강력한 찬양이 일어나려고 한다. 성령님이 감옥에서 핍박받는 주님의 자녀들에게 어둠의 세력이 두려워 떨게 할 강력한 노래를 주실 것이다.

예배의 다음 파도에서는 성령님의 창의적인 기름부음으로 다양한 장르의 음악을 찬양에 사용할 것이다. 힙합, 리듬 앤드 블루스, 레게, 컨트리, 클래식, 록, 재즈, 펑크, 테크노, 스윙, 인디, 스카, 살사, 보사노바, 뮤지컬, 가스펠 등 여러 장르의 음악으로 예수님의 선하심을 찬양할 것이다.

하나님은 항상 사람이 예측할 수 없도록 창의적으로 역사하시는데 왜 우리 예배는 한 장르에만 갇혀 있어야 하는가? 다양한 장르의 융합 속에서 멋진 파도를 만날 수 있다. 앞으로 다가올 예배는 천국에서 드리는 예배처럼 더욱 "국제적인" 예배가 될 것이다.

예배자와 구경꾼

우리 중 일부는 예배자이며 일부는 구경꾼이다. 이 모습은 다윗과 아내 미갈을 떠올리게 한다. 다윗이 여호와의 언약궤를 예루살렘에 모실 때 미갈은 창문 너머로 다윗이 예배하는 모습을 구경했다. 모든 예배에는 두 진영, 예배자와 구경꾼이 존재한다.

이제 나는 사람들이 우리가 예배하는 모습을 구경하려고 예배에 참여하는 것을 비판하지 않으며 적극적으로 환영한다! 교회가 예배를 구경하는 사람으로 가득 찬 모습을 상상해 보라. 정말 신난다! 나는 온 세상이 교회에 와서 우리가 왕이신 하나님을 찬양하는 모습을 구경하기를 원한다. 어쩌면 그들이 우리 예배를 구경하다 결국 함께 예배하게 될지 누가 아는가? 수백만 명이 와서 우리 예배를 구경하다 결국 함께 예배하는 모습, 지금까지 우리는 이것을 위해 간절히 기도하지 않았는가?

나는 우리 예배에 구경꾼이 더욱 가득 차기를 소망하지만, 그들이 끝까지 구경꾼으로만 남아 있지 않기를 바라며 결국 주님의 은혜에 이끌려 예배자가 되기를 바란다. 온 땅과 하늘의 모든 피조물이 예수님의 이름을 높일 때까지 우리는 절대 멈추지 말고 예배해야 한다!

사도 요한이 본 천국의 예배에는 무대나 강단이 없었다. 수많은 장로와 천사들과 믿음의 증인들과 네 생물, 그리고 우리가 상상할 수 있는 모든 종류의 피조물이 모여 목소리 높여 어린양을 찬양했다(계 4~5장). 새로운 시대의 예배는 더 크고 화려한 무대를 추구하지 않으며 오히려 회중이 무대와 강단에 메이지 않고 자유롭게 예배하는 방향으로 나아갈 것이다. 어린양은 모든 피조물의 노래를 받으시기에 합당하시다!

파도 타는 사람들을 위한 질문

1. 예배사역이 회중의 노래를 풀어내려면 어떻게 해야 하는 가?

2. 여러분의 교회는 노래 너머의 예배로 나아가는가? 우리 예배가 노래 너머로 나아가려면 어떤 은혜가 필요한가?

3. 부흥과 회중의 노래 사이의 연관성을 나누어 보라. 여러분이 생각하는 부흥은 어떤 모습인가?

4. 회중이 모닥불에 만족하지 않고 거대한 산불을 추구하는 비전을 얻도록 예배사역이 어떻게 도와야 할까?

5. 다가올 시대에서 영적 전쟁 찬양은 어떤 역할을 하는가?

NEXT WAVE

WORSHIP IN A NEW ERA

11장

어린양이 중심되시는 예배

언제나 예배는 예수님에 관한 것이었으며 앞으로도 그럴 것이다. 분명한 사실 한 가지를 짚어보자. 예배의 다음 파도는 우리의 시선을 주 예수 그리스도께 고정할 것이다. 이것은 단순한 예측이나 예언적인 은사가 아니다. 역사에서 교회가 그리스도를 중심에 모실 때마다 예배가 번창했다. 지난 2000년간 때로는 교회가 방황할 때도 있었지만 계속해서 그리스도 중심으로 돌아왔다.

더 자세히 보자. 예배의 다음 파도는 하나님의 어린양이신 예수님께 집중할 것이다. 내가 이렇게 주장하는 이유는 성경이 예배의 목적지가 어린양이라고 계시하기 때문이다. 예배가 새로워지고 생명력을 얻으려면 어떻게 해야 할까? 처음으로 돌아가야 한다. 이 모든 것이 어디에서 시작했는가? 예배의 강줄기를 따라 거슬러 올라가면 결국 우리는 그리스도의 십자가 아래 선다.

십자가에 못 박히신 그리스도가 우리 예배의 근원이며 기초이자 영감INSPIRATION이시다. 우리와 예수님이 처음 만난 곳이 바로 십자가이다. 우리가 하나님을 향한 사랑이 처음 불붙었던 십자가로

113

돌아갈 때 첫사랑이 회복된다. 우리가 십자가로 돌아갈 때마다 하나님을 향한 열정과 사랑이 불타오르며 감사와 순종과 충성의 우물을 다시 파기 시작할 것이다.

십자가는 예배의 알파와 오메가이다. 십자가에서 예배가 시작하며 끝난다. 십자가에서 예배가 끝난다는 말에는 종말론적 의미가 담겨 있다. 사도 요한은 마지막 때의 예배를 보았다. 모든 피조물이 어린양을 중심으로 모여 예수님께 두 눈을 고정하고 "죽임을 당하신 어린 양은 능력과 부와 지혜와 힘과 존귀와 영광과 찬송을 받으시기에 합당하도다!"라고 노래했다(계 5:12).

시간이 흐르다 보면 다른 많은 것처럼 예배도 균형을 잃고 이상한 모습으로 변할 때가 있다. 종종 회중 예배는 허무할 정도로 쉽게 음악, 무대, 대형 스크린, 조명, 경력, 절묘한 캡처 사진, 교만, 혹은 돈벌이 수단으로 전락한다. 그러므로 우리는 끊임없이 반복해서 십자가에 예배의 초점을 맞추어야 한다. 십자가 앞에서 회중 예배의 모든 거추장스러운 장식이 떨어져 나가고 우리 시선이 오직 한 분, 일찍이 죽임을 당한 어린양께 머문다(계 5:6).

우리는 위엄으로 가득한 유다 지파의 사자이신 예수님을 영원히 예배할 것이다! 그러나 사도 요한이 본 천상 예배의 초점은 어린양이신 예수님께 있었다. 우리를 위해 죽으신 하나님의 어린양 예수님의 희생이 너무나 놀라워서 우리는 영원히 찬양할 수밖에 없다. 우리가 어린양을 바라볼 때 주님께 마음을 사로잡히고 영원히 모든 사랑을 드리게 된다.

때때로 예배인도자들은 회중을 인도하면서 성령 안에서 한마음으로 인도하기 어려울 때가 있는데, 이럴 때 어떻게 해야 하는지 나에게 질문하면 보통 나는 이렇게 대답한다. "십자가로 돌아가라." 갈보리 언덕에서 영원한 생수의 근원이 열렸다.

예수님의 십자가 앞에 설 때, 메마른 우리 눈에 눈물이 흐르고 차가운 마음이 따뜻해지며 영혼이 살아난다. 십자가는 우리 눈을 들어 주님을 바라보게 한다. 십자가는 사랑이 시작되는 근원이며 무궁무진한 사랑의 언어가 나오는 곳이다. 우리가 십자가로 돌아갈 때 우리 마음에서 꺼지지 않는 불이 타오르며 끝나지 않는 사랑의 노래가 흘러나온다.

예배 작곡자들이 십자가 아래 거할 때 최고의 사랑 고백을 작곡할 수 있다. 십자가 아래에서 사랑이 사랑을 부르고 순종이 더 큰 순종을 가능케 하며 갈망이 더 깊은 갈망을 부른다. 열정이 또 다른 열정을 일으키며 깊음이 더 깊음으로 이끌고 눈물이 눈물을 낳는다. 십자가를 노래하는 최고의 노래는 아직 나오지 않았다.

다시 한번 멈춰 서서 십자가를 지신 구세주 예수님을 바라보라. 예수님의 못 박힌 손과 발, 가시관에 찔린 이마와 창에 찔린 옆구리를 바라보며 감사의 고백을 속삭이라. 그러면 우리의 마음에서 사랑의 샘물이 솟아 흐를 것이다.

성찬

나는 예배의 다음 파도에서 주님의 만찬, 즉 성찬을 향한 새로운 감사와 감격이 터져 나올 것으로 믿는다. 예수님이 제자들과 유월절 만찬을 나누시며 성찬을 우리 예배의 중심에 두시고 주님이 다시 오실 때까지 예수님의 죽음을 기억하도록 명령하셨다(고전 11:23~26). 그리스도의 재림이 다가올수록 우리 예배에서 성찬이 더 분명하게 가시적^{VISIBILITY}으로 드러날 것이다.

나는 역사적 교회^{HISTORIC CHURCH}의 전통과 문화와 비교하여 성찬의 빈도가 훨씬 적은 오순절 교회에서 성장했다. 심지어 나는 성찬이 예배를 방해한다고 생각했다. 왜냐하면 노래하고 찬양하는 소중한 시간을 성찬으로 낭비하는 것처럼 느꼈기 때문이다. 하지만 이제 나는 주님이 성찬으로 우리에게 더 풍성하고 깊은 계시를 허락하시기를 기도한다. 성찬은 예배의 깊이를 더욱 깊게 하고 우리 사랑을 깨우는 강력한 힘이 있다. 이 책을 읽는 모든 지도자가 성찬의 놀라운 능력을 더욱 깨닫고 적극적으로 실행하기를 권면한다.

십자가는 우리 복음의 능력이다(고전 1:22~24). 성찬을 통해 복음의 능력이 역사한다. 성찬을 단지 형식이 아닌 전심을 담아 더 자주 하라. 성찬의 놀라운 능력을 효과적으로 누리려면 매번 다양한 방식으로 성찬을 진행하라. 성찬을 나누는 방식에도 성령님의 파도를 타라. 성찬이라는 거룩한 축제에 더 큰 창의성과 다양성을 적용하라.

■ 성찬에서 다양한 성경 구절과 본문을 사용하라. 창세기부터 계시록까지 다양한 구절을 선택하라. 매번 같은 성경 본문을 아무 감흥 없이 기계처럼 낭독하지 말고 성찬의 새롭고 신선한 의미를 깨닫도록 돕는 성경 본문을 찾아라.

■ 예배 순서의 다양한 지점에 성찬을 배치하라. 예배를 성찬으로 시작하거나, 예배를 마무리할 때 성찬을 진행하라. 혹은 예배의 첫 곡을 부른 후 성찬을 하거나 두 번째, 세 번째, 혹은 네 번째 곡 후에 성찬을 하라. 기도 사역 전에 성찬을 하거나 헌금 시간에 성찬을 진행해도 좋다.

■ 어떤 예배 시간에는 모든 성도가 성찬에 참여하고, 또 다른 예배 시간에는 예배 장소 한 곳에 떡과 잔을 준비해 두고 원하는 사람들이 자유롭게 성찬을 기념하도록 하라. 사람들에게 떡과 잔을 나누어 주거나, 각자 앞으로 나와 떡과 잔을 받아 가게 해도 좋다. 찬양하면서 성찬을 하거나, 침묵 속에 진행해도 좋다. 특송 시간과 함께 성찬을 나누어도 좋고, 세례식을 거행하면서 성찬을 나눌 수도 있다.

때때로 우리 예배가 나 중심$^{ME-CENTERED}$의 예배로 전락하는 이유는 주님의 임재 안에서 자기 생각과 감정에 지나치게 몰입하기 때문이다. 성찬은 예배를 그리스도 중심$^{CHRIST-CENTERED}$으로 돌아가도록 돕는다. 나는 그리스도의 십자가가 중심인 참된 복음의 소망으로 이 세대의 마음을 사로잡는 예배의 파도를 타기 원한다.

예배 목자$^{WORSHIP SHEPHERD}$를 세워라

성찬에 관한 내 권면에 몇몇 예배인도자는 이렇게 말할 것이다. "우리 교회에서는 제가 성찬을 인도할 수 없어요. 예배인도자로서 저에게 주어진 권한은 오직 노래를 인도하는 것입니다."

나는 예배의 다음 파도에서 예배사역의 여러 제한이 사라지는 것을 본다. 예배팀이 오직 노래만 부르게 하는 것은 교회가 예배자들의 날개를 꺾어서 효과적으로 사역할 수 없게 막는 것이다. 단순히 노래하며 곡을 연주한다고 예배의 파도를 탈 수는 없다. 파도를 타기에 최고의 순간과 최적의 지점을 찾으려면 새로운 일에 도전해야 한다.

예수님은 우리에게 하나님 나라의 열쇠를 주신다고 약속하셨다. 예수님이 약속하신 하나님 나라의 열쇠만이 우리 예배의 잠재력을 온전히 열 수 있다. 때로는 예배를 여는 데 아주 구체적이고 특별한 열쇠가 필요하므로 우리는 예배팀이 예배에서 다양한 하나님 나라의 열쇠를 사용하도록 허락해야 한다.

예배인도자는 목자이다. 예배인도자는 회중이라는 양 떼를 푸른 풀밭과 쉴 만한 물가로 인도해야 한다. 예배인도자는 전인격으로 성도를 섬겨야 한다. 예배인도자는 성도들이 노래할 때만 섬기는 것이 아니라 성도가 자신의 십자가를 지고 예수님을 따르는 모든 여정에서 도와야 한다.

교회는 예배의 다음 파도에서 예배사역자들이 파도를 타는 최적의 지점을 찾아 회중을 인도하는 데 필요한 모든 일을 하도록 허용해야 한다. 나는 새로운 예배의 파도에서 예배사역자들이 성령님의 인도하심을 따라 다음과 같은 사역을 감당하리라 믿는다.

■ 찬양 인도

- 기도 인도

- 성찬 인도

- 치유와 축사를 위한 개인 기도사역 초청과 인도

- 회중에게 회개를 촉구하며 그리스도께 헌신하도록 격려

- 기름부음과 안수 사역을 위해 초대

- 성도를 세우고 격려하는 예언 사역

- 성경 말씀으로 성도를 권면하기

- 말씀 봉독

- 성도들이 성경 말씀으로 즉흥적인 노래를 하도록 인도

- 회중이 서로를 위해 기도하도록 초청

- 회중이 예배의 표현으로 헌금을 하도록 인도

- 회중이 성령님의 은사를 활용하도록 인도(고전 12:8~10)

- 회중이 주님을 경외함으로 엎드려 예배하도록 초청

시편 기자PSALMIST 다윗은 강력한 예언적 기름부음으로 사역했다. 현대의 시편 기자들도 다윗처럼 예언적 기름부음을 구해야 한다. 내 친구 크리스 토필론은 예배의 다음 파도에서 현대의 시편 기자들이 세례 요한의 기름부음을 받을 것이라고 말했다. 예배사역자들은 세례 요한의 기름부음으로 독사의 자식들을 폭로하기 때문에 일어나는 핍박을 감당할 수 있을 만큼 강해야 한다.

누구도 감당할 수 없으며 막을 수 없는 거대한 예배의 파도가 다가온다. 우리가 예배에서 단지 노래하는 것 그 이상에 마음을 열 때, 과연 우리가 성령님의 인도를 따른 것인지 어떻게 알 수 있는가? 우리는 예배에서 "성령님의 인도를 받았다"라고 판단할 수 있는 영적 기준이 필요하다. 성령님이 역사하시는 올바른 기준은 고린도전서 14:5에 나오는 "교회의 덕"을 세우는 원칙이다.

나는 너희가 다 방언 말하기를 원하나 특별히 예언하기를 원하노라 만일 방언을 말하는 자가 통역하여 교회의 덕을 세우지 아니하면 예언하는 자만 못하니라 (고전 14:5)

우리가 어떤 감동을 실천했을 때 교회에 덕이 세워지고 예배의 파도가 높이 솟아올랐다면 올바른 성령님의 인도를 받은 것이다. 그러나 누군가의 실천이 예배의 열기를 꺼트렸다면 그는 합당한 교훈을 받아야 한다.

예배는 단지 노래하는 것이 아니라 훨씬 더 많은 것을 포함한다. 우리가 예배에서 노래뿐만 아니라 다른 많은 일을 자유롭게 할 수 있을 때 어린양이 중심되시는 예배를 드릴 수 있으며, 성령님의 다음 파도를 탈 수 있는 더 좋은 기회를 잡을 수 있다.

Ⅲ 뿌림

예배팀은 예배를 인도하기 위해 많은 준비를 하기 때문에 회중이 모여 예배를 시작하면 찬양에서 경배로 곧장 전진하는 경향이 있다. 하지만 성도 대부분은 예배에 나올 때 예배팀처럼 만반의 준비를 하지 못하고 세상에서 고군분투하며 때로는 더럽혀진 모습 그대로 나오는 경우가 많다. 예배의 다음 파도에서 예배팀은 주님의 문에 들어가는 특권과 영광을 위해 성도들을 준비하는데 더욱 집중할 것이다.

예배하기 위해 모인 성도들은 두 음성을 듣는다. 한 쪽 귀에는 참소자의 소리가 울려 퍼진다. 사탄은 우리가 하나님께 가까이 다가가려고 시도할 때마다 우리를 비난하며 참소한다(계 12:10). 사탄은 우리가 거룩하신 하나님께 가까이 다가갈 자격이 없다고 거짓말한다. 사탄의 계략은 우리가 그 거짓을 듣고 아버지 품에서 떨어져 고립되었을 때 우리를 집어삼키는 것이다. 사탄의 참소 앞에 우리는 어떻게 해야 하는가? 말씀이 우리에게 답을 준다. *"또 우리 형제들이 어린양의 피[로] … 그를 이겼으니"*(계 12:11). 우리는 어린양의 보혈로 참소자를 이긴다.

성도들의 다른 한 쪽 귀에는 또 다른 목소리, 양심의 소리가 들린다. 하나님은 우리를 구원하시려고 양심을 주셨지만, 종종 양심이 과하게 작용해서 사탄이 참소를 멈추면 양심이 사탄을 대신해서 우리를 정죄하기 시작한다.

사탄의 참소와 양심의 소리에 대한 해답은 무엇일까? 답은 그리스도의 보혈이다. 예수님이 갈보리 언덕에서 흘리신 보혈이 우리를 정결케 하사 의롭고 거룩한 존재로 바꾸신 결과, 우리는 놀라운 은혜로 자격을 얻어 위대하고 거룩하신 하나님께 가까이 다가갈 수 있게 되었다.

신약에서 그리스도의 보혈이 우리를 정결케 하시는 것을 "피 뿌림"이라고 부른다.

곧 하나님 아버지의 미리 아심을 따라 성령이 거룩하게 하심으로 순종함과 예수 그리스도의 피 뿌림을 얻기 위하여 택하심을 받은 자들에게 편지하노니 은혜와 평강이 너희에게 더욱 많을지어다 (벧전 1:2)

새 언약의 중보자이신 예수와 및 아벨의 피보다 더 나은 것을 말하는 뿌린 피니라 (히 12:24)

히브리서 10:19~22은 내가 가장 좋아하는 피 뿌림에 관한 성경 본문이다.

19 그러므로 형제들아 우리가 예수의 피를 힘입어 성소에 들어갈 담력을 얻었나니 20 그 길은 우리를 위하여 휘장 가운데로 열어 놓으신 새로운 살 길이요 휘장은 곧 그의 육체니라 21 또 하나님의 집 다스리는 큰 제사장이 계시매 22 우리가 마음에 뿌림을 받아 악한 양심으로부터 벗어나고 몸은 맑은 물로 씻음을 받았으니 참 마음과 온전한 믿음으로 하나님께 나아가자 (히 10:19~22)

나는 매일 아침마다 이 소중한 말씀을 근거로 내 삶에 그리스도의 보혈을 뿌리는 기도[1]를 하며 그 결과, 언제나 확신을 두고 담

---

1. 내 책 《보혈의 능력》에서 더욱 자세한 내용을 볼 수 있다.

대히 하나님을 예배한다. 왜냐하면 내 양심에는 이미 그리스도의 보혈이 뿌려졌기 때문이다. 그러나 많은 성도가 매일 자신의 양심에 그리스도의 보혈을 뿌릴 수 있다는 사실을 아직 모르기 때문에 예배하기 위해 모일 때마다 여전히 한쪽 귀로는 사탄의 참소를, 또 다른 쪽 귀로는 자신을 정죄하는 양심의 소리를 듣는다.

안타깝게도 현재 예배팀 대부분이 많은 신자를 괴롭히는 참소자의 소리와 양심의 소리에 큰 관심을 두지 않고 예배를 시작하면 바로 보좌를 향해 질주한다. 그러나 회중이 참소와 정죄에 빠져 있으면 예배의 파도를 타기 어렵다.

예배의 다음 파도에서 예배사역자들은 성도들이 그리스도의 피 뿌림의 능력을 누리도록 도울 것이다. 예배의 속도를 늦추고 신자들이 그리스도의 보혈로 깨끗게 되어 예배를 위해 마음을 준비할 수 있도록 도와야 한다. 그리스도의 보혈 아래, 우리는 담대히 지성소로 들어간다! 예배의 다음 파도에서 우리는 그리스도의 보혈의 능력을 의지하여 확신과 담대함과 열정으로 하나님의 어린양을 예배하는 교회를 볼 것이다.

주님을 경외함

그리스도의 존귀한 보혈은 우리를 정결케 하여 하나님께 가까이 나아가도록 담대함을 주는 것 외에 또 다른 능력이 있다. 바로 주를 향한 경외함이 불타오르게 하는 것이다. 베드로는 첫 번째 서신에서 그리스도의 보혈이 우리를 정결케 하는 것과 주님을 경외하는 것을 연결한다(벧전 1:17~19). 어린양의 보혈을 존귀하게 여기는 것이 왜 우리 안에 거룩한 두려움, 경외함을 일으킬까? 그 이유는 우리를 정결케 하는 희생 제사의 위대함 때문이다.

> 17 외모로 보시지 않고 각 사람의 행위대로 심판하시는 이를 너희가 아버지라 부른즉 너희가 나그네로 있을 때를 두려움으로 지내라 18 너희가 알거니와 너희 조상이 물려 준 헛된 행실에서 대속함을 받은 것은 은이나 금 같이 없어질 것으로 된 것이 아니요 19 오직 흠 없고 점 없는 어린 양 같은 그리스도의 보배로운 피로 된 것이니라 (벧전 1:17~19)

예수님의 보혈은 값을 헤아릴 수 없다! 이렇게 큰 선물을 받은 우리는 이제 이 귀한 선물의 청지기가 되어야 한다. 청지기는 책임을 지고 주인에게 신뢰를 주어야 한다. 베드로는 하나님 앞에서 어린양의 보혈의 청지기 역할을 감당하는 것이 두렵고 떨린다고 고백했다.

예배와 주님을 향한 경외감은 항상 함께한다. 성경도 이 둘을 정말 아름다운 모습으로 함께 언급한다(창 22:12; 왕하 17:36; 시 5:7; 계 14:7; 15:4). 성경에 기록된 가장 오래된 노래에서 스랍들이 번개와 우렛소리 속에 외친다. "거룩하다, 거룩하다, 거룩하다!"(사 6:3; 계 4:8). 우리가 하나님을 가까이 만날수록 주님을 향한 거룩한 두려움인 경외감이 더욱 강렬해진다(히 12:21).

주님을 향한 참된 경외감을 온전히 이해하면 주님의 임재를 두려워하며 멀어지는 것이 아니라 오히려 더욱 주님의 임재 안으로 들어가게 한다. 주님을 향한 경외감을 두려워하지 말라! 오히려 주님을 향해 달려가 그 품에 안겨라! 하나님이 자신을 스스로 경외하신다고 말씀하신다면 우리도 더욱 주님을 경외해야 하지 않겠는가?(히 5:7; 사 11:2)

> 그는 육체에 계실 때에 자기를 죽음에서 능히 구원하실 이에게 심한 통곡과 눈물로 간구와 소원을 올렸고 그의 경외하심을 인하여 들으심을 얻었느니라 (히 5:7, 개역)

주님을 경외함은 주님의 입에서 선포된 모든 말씀에 두렵고 떨리는 마음으로 순종하려는 열심으로 정의할 수 있다(사 50:10; 66:2; 시 112:1). 나는 예배의 다음 파도에서 회중 전체가 하나님을 향한 경외감을 체험하는 모습을 본다. 주님의 임재 안에서 하나님의 영광 아래 두렵고 떨리는 경외감을 경험하는 예배의 파도가 다가오는 것을 지켜보자.

파도 타는 사람들을 위한 질문

1. 십자가가 예배의 중심이라는 주제로 이야기를 나누어 보라. 혹시 당신은 십자가 중심에서 벗어나지는 않았는가? 어떤 이유로 십자가 중심에서 벗어났는가?

2. 예배의 다음 파도에서 성찬이 어떤 역할을 하리라 생각하는가?

3. 예배팀이 노래 인도만 해야 한다고 생각하는가? 동의하거나 반대한다면 왜 그렇게 생각하는지 나누어 보라.

4. 신자들이 예배에서 확신을 품고 하나님께 더욱 담대히 나아가도록 도우려면 예배팀은 어떻게 해야 하는가?

12장

예언적 즉흥성

다가올 예배의 파도에서는 하나님을 향해 우리의 사랑을 더 적극적으로 표현할 뿐만 아니라 예배에 강력한 예언적 흐름이 나타날 것이다. 이것을 이번 장의 제목인 "예언적 즉흥성"이라고 부른다. 이제 이 단어의 의미를 설명하겠다.

사도 바울은 우리가 예배에서 부르는 노래를 시와 찬송과 신령한 노래로 구분하였다.

> 시와 찬송과 신령한 노래들로 서로 화답하며 너희의 마음으로 주께 노래하며 찬송하며 (엡 5:19)
>
> 그리스도의 말씀이 너희 속에 풍성히 거하여 모든 지혜로 피차 가르치며 권면하고 시와 찬송과 신령한 노래를 부르며 감사하는 마음으로 하나님을 찬양하고 (골 3:16)

사도 바울이 언급한 세 가지 노래의 의미는 다음과 같다.

시PSALMS는 성경으로 노래한다는 의미이다. 시편은 성경의 노래 책이라고 부를 만큼 우리가 노래하기에 좋은 내용으로 가득하다. 하지만 시편만이 우리가 노래할 수 있는 유일한 성경은 아니다. 우리는 시편뿐만 아니라 성경의 모든 말씀으로 노래할 수 있다.

찬송HYMNS은 우리가 작곡한 노래로서, 성경 말씀을 그대로 노래하지는 않지만, 성경적인 의미를 담은 가사로 예수님께 영광 돌리는 노래다. 우리가 많이 노래하는 최신 유튜브 예배 곡들이 바로 찬송의 범주에 속한다. 오늘날 작곡하고 부르는 예배 곡의 대부분이 바울이 말한 찬송이다.

신령한 노래SPIRITUAL SONGS는 성령의 파도와 함께 역사하는 즉흥적이고 자발적인 노래다. 신령한 노래는 성경이나 찬송의 가사로 노래하는 것이 아니라 예배하는 순간에 예배자의 마음에서 예수님을 향해 즉흥적으로 흘러나오는 고백의 노래다. 그러므로 신령한 노래는 미리 계획하지 않으며 사전연습 없이 즉석에서 터져 나온다. 신령한 노래는 성령의 감동에 따라 방언으로 노래하거나 예배자의 모국어(예를 들어 영어나 한국어)로 부를 수 있다(행 2:4; 고전 14:15).

성경이 우리가 하나님께 부를 수 있는 노래를 시와 찬송과 신령한 노래라는 다양한 범주로 허락한 것을 보면, 우리는 성령님 안에서 하나님이 보내실 모든 예배의 파도를 탈 수 있는 권한을 주셨다는 사실을 깨닫는다. 1960년대의 모든 교회는 찬송만 불렀다. 1970년대에 성령님은 그리스도의 몸 된 교회가 신령한 노래 - 영적인 노래를 부르도록 가르치셨다. 그리고 2000년대의 교회는 이전보다 열심히 성경을 노래하는 방법을 연구하기 시작했다.

내가 이 글을 쓰는 현재, 교회 대부분이 회중 예배의 거의 모든 시간을 현대 시편 기자들이 작곡한 찬송을 부르는 데 사용한다. 우리는 현재 찬송 중심의 예배 문화에 갇혀 있지만 주님은 계속해서 우리가 앞으로 나아가도록 인도하셔서 예배의 다음 파도에서는 사도 바울이 언급한 시와 찬송과 신령한 노래를 더욱 공평하게 부르고 표현할 것이다. 앞으로 우리에게 다가올 이 멋지고 놀라운 파도를 위해 지금부터 준비하자!

24/7 예배

국제 기도의 집^{INTERNATIONAL HOUSE OF PRAYER}은 1999년 미주리주 캔자스시티에서 24/7 예배와 기도 운동 사역으로 시작했다. 이 기도의 집은 시작한 후부터 지금까지 단 하루도 쉬지 않고 매년 365일 예배와 기도가 함께 어우러진 중보 기도회를 진행한다. 이 중보 기도회는 각 예배팀이 2시간씩 번갈아 가면서 24시간 인도한다. 이곳에서 진행하는 예배와 기도는 홈페이지와 유튜브의 생중계를 통해 전 세계로 방송한다(ihopkc.org).

아이합^{IHOP}으로 불리는 이 단체는 세 가지 방식으로 예배 운동에 아주 크게 이바지했다.

■ 24/7 예배를 시작하고 지속하며 전 세계에 24/7 예배의 감동과 열정을 흘려보냈다.

■ 이사야 선지자의 예언을 따라 음악과 기도가 어우러진

방법을 본보기로 제시하여 중보기도가 즐겁고 기쁜 사역임을 보여주었다. "내가 곧 그들을 나의 성산으로 인도하여 기도하는 내 집에서 그들을 기쁘게 할 것이며 그들의 번제와 희생을 나의 제단에서 기꺼이 받게 되리니 이는 내 집은 만민이 기도하는 집이라 일컬음이 될 것임이라"(사 56:7).

■ 전 세계의 어떤 사역 단체보다 열심히 다양한 성경을 노래하며 찬양한다. 세계의 여러 예배팀과 사역이 이들의 사역을 보며 성경을 노래하는 예배의 모범을 실천한다.

그리스도의 몸 된 교회의 몇몇 예배팀이 아이합의 본보기를 따라 시편을 현대적인 문맥으로 노래하고 있다. 예를 들어 싱어들이 성경을 현대 어휘로 재번역한 '패션 성경'의 시편 한 구절을 예배실의 모든 회중이 듣도록 노래한다. 하지만 이런 예배는 아직 일반 회중 예배에 널리 퍼지지 않았으며, 아직 공적인 예배에서 회중이 함께 성경으로 노래하는 지역 교회를 찾기는 어렵다. 그러나 새로운 예배의 파도에서는 모든 회중이 성경 말씀을 자유롭게 노래하는 모습을 쉽게 찾을 수 있을 것이다.

어떻게 하면 말씀으로 노래하는 예배를 드릴 수 있을까? 나는 예배의 다음 파도에서 신자들이 성경의 한 구절을 선택하여 예수님께 사랑의 고백을 올려드리는 모습을 본다. 또한 교회 예배실 스크린에 기존 찬송의 가사가 아니라 성경 말씀을 띄우고 그 말씀으로 회중이 노래하며 기도하도록 격려하는 교회들이 일어나는 것을 본다. 시와 찬송과 신령한 노래는 24/7 예배에 불을 붙이는 연료이다. 성령님이 일으키실 다음 예배의 파도에서 예배는 회중이 30분간 뜨겁게 찬양하는 모습으로만 제한되지 않으며 예배자들의 마음에서 24/7 꺼지지 않고 타오르는 불같은 모습으로 바뀔 것이다. 이제 예배사역은 주일 아침 30분의 예배만 준비하는 것이 아니라 그리스도의 몸이 하나님의 보좌 앞에서 24/7 쉬지 않고 예배하도록 무장하는 역할을 감당할 준비를 해야 한다.

다양한 주제

회중 예배에 시와 찬송과 신령한 노래를 포함하면 예배의 언어와 주제가 더 넓어져서 예배가 더욱 풍성하고 깊어지는 놀라운 일이 일어난다. 예배의 다음 파도에서는 예배 언어가 더 다양해져서 하나님의 전체 계획의 주제인 하나님 나라, 구원, 성령님의 능력, 성화, 순종, 고난, 친밀함, 마지막 때, 정체성, 가족, 심판, 은혜, 구속, 중보, 담대함, 믿음, 자비, 부흥, 예수님의 아름다움, 보혈, 깨어짐, 긍휼, 제자도, 인내, 베푸는 것, 천국, 삼위일체, 하나님을 아는 지식, 사랑, 복음 전도, 핍박, 성찬, 섬김, 용서, 섭리, 하나님을 기다리기 등이 풍성하게 드러날 것이다.

내 친구 루벤 세르반테스가 말한 것처럼 우리는 찬양의 노래에 건강한 신학을 회복해야 한다. 교회의 신자들에게 바른 성경 신학을 가르치는 역할을 감당할 찬양이 지금보다 더 많이 나와야 한다. 왜냐하면 우리가 부르는 찬양의 노래에 담긴 신학이 교회의 문화를 만들기 때문이다. 시와 찬송과 신령한 노래는 예배에서 하나님 나라의 모든 주제를 탐구하는 데 큰 도움을 줄 것이다.

창의성

예배의 다음 파도에서는 더욱 다양한 예술로 예수님을 예배할 것이다. 교회는 앞으로 일어날 창의적인 예배자들을 대비해야 한다. 창의적인 예배자는 어떤 사람들인가? 이들은 그리스도의 몸 된 교회에서 시와 찬송과 신령한 노래를 최신 기술과 장비를 활용하여 창의적으로 선포하는 거룩한 기름부음 받은 예배자들이다.

앞으로 수십 년간 예배에 영화나 영상을 창의적으로 사용하는 예배자들이 일어나 성경에서 묘사하는 예배와 눈EYES의 강력한 연결고리를 탐험하도록 도울 것이다. 지난 몇 년간 우리는 유튜브가 예배를 위한 영상 수단으로 폭발적으로 성장하는 모습을 지켜보았는데, 이것은 앞으로 일어날 파도에 비하면 시작일 뿐이다. 유튜브 같은 온라인 플랫폼은 전 세계에 시와 찬송과 신령한 노래를 창의적으로 전파하는 데 계속해서 사용될 것이다.

즉흥성

예배에서 시와 찬송과 신령한 노래를 모두 부를 수 있을 때 즉흥성이 많이 증가한다. 회중 예배에서 성경의 세 가지 노래를 모두 실천할 수 있는 공식적인 승인이 있을 때 자연스럽게 즉흥성이 따라온다. 먼저 즉흥적인 예배가 무엇인지 알아보자.

즉흥적인 예배란 성령님의 인도하심에 따라 시와 찬송과 신령한 노래 사이를 매끄럽고 자유롭게 오가는 예배이다. '예배의 즉흥성'이라는 주제를 말할 때마다 우리는 즉시 즉흥성과 준비성 사이의 아주 익숙한 긴장감을 느낀다. 어떤 사람들은 즉흥성이라고 하면 예배를 전혀 준비하지 않고 성령님의 인도하심을 구하는 것이라고 생각한다. 그러나 우리가 예배를 전혀 준비하지 않았을 때의 결과는 즉흥성이 아니라 예배의 목적을 잃고 방황하는 것이다.

기억하자. 준비성과 즉흥성은 둘도 없는 친구이다. 준비성은 즉흥성에 힘을 더한다. 철저한 준비성은 예배자가 준비한 것에서 담대하게 벗어날 수 있는 안정감을 준다. 예배 곡 목록을 잘 준비할수록 언제든지 준비한 콘티로 다시 돌아갈 수 있기 때문에 더 담대하게 즉흥적인 감동을 따를 수 있다.

더 즉흥적으로 예배하고 싶다면 더 철저히 준비해야 한다. 열심히 계획하고 철저하게 준비한 예배 곡 목록에 묶이는 것이 아니라 손에 '가볍게 쥘 때' 시와 찬송과 신령한 노래 사이를 더욱 매끄럽고 자유롭게 오가는 기쁨을 누릴 수 있다. 예배의 다음 파도에서는 전문적인 관점으로 엄격하게 준비한 예배의 비중을 줄이고 즉흥적인 예배에 비중이 늘어날 것이다.

예언적 예배

내가 앞서 언급한 "예배의 예언적 흐름"의 의미를 설명하려고 한다. 예배와 예언은 아주 밀접한 관계가 있다. 다윗은 이 둘의 관계를 매우 열심히 탐구하여 좋은 모범을 남겼다. 다윗은 군대 지휘관에 "수금과 비파와 제금을 잡아 신령한 노래[1]"를 하는 음악 하는 레위인들을 임명했다(대상 25:1). 성경은 이 음악 하는 레위

---

1. 영어 성경에는 예언을 의미하는 Prophesy라는 단어를 사용했다.

인들을 "수금을 잡아 신령한 노래^PROPHESY를 하며 여호와께 감사하며 찬양하는" 사람들이라고 기록한다(대상 25:3). 이들이 주님께 드린 감사와 찬양은 사실상 성령님의 감동을 받은 예언의 노래였다.

이 레위인들은 악기를 연주하면서 노래로 예언한 것일까 아니면 악기 연주 자체가 예언의 한 표현이었을까? 나는 둘 다 맞다고 생각한다. 이 레위인들은 예언을 노래했을 뿐만 아니라 예언을 "연주"했다. 따라서 음악가들, 더 정확히 예배자들은 목소리뿐만 아니라 연주하는 악기로도 예언할 수 있다.[2]

어떻게 하면 악기로 예언할 수 있을까? 악기 연주자들이 성령님의 인도를 받아 자기 악기를 연주하면 회중이 하나님을 향해 더욱 마음을 연다. 하나님이 역사하시는 순간에 성령님의 기름부음을 받은 즉흥적인 악기 연주는 때때로 어떤 말이나 노래보다 더욱 강력한 영향력을 미친다.

나는 한 예배에서 드럼연주자가 성령님의 감동을 따라 예상치 못한 드럼 솔로를 연주하면서 예배의 영적인 문을 활짝 여는 것을 보았다. 또 예배의 어떤 순간에는 기름부음 받은 기타 연주자의 기쁨이 가득한 예언적 연주가 필요할 때가 있다. 혹은 색소폰 연주자나 플루트 연주자가 넘실거리는 성령님의 파도에 몸을 맡겨야 할 때도 있다.

나는 예배의 다음 파도에서 악기 연주자들이 자기 악기로 예언하며, 노래하는 사람들이 성령님이 주시는 말씀을 따라 즉흥적인 노래로 예언하고 찬양하는 영광스러운 모습을 본다.

---

2. 이 주제의 더 깊은 연구는 나의 책《찬양으로 가슴 벅찬 예배》7장"을 참고하라.

나는 신약성경에서 사도 바울이 회중 예배에 예언이 역사하는 방법을 기록한 부분을 정말 좋아한다.

24 그러나 다 예언을 하면 믿지 아니하는 자들이나 알지 못하는 자들이 들어와서 모든 사람에게 책망을 들으며 모든 사람에게 판단을 받고 25 그 마음의 숨은 일들이 드러나게 되므로 엎드리어 하나님께 경배하며 하나님이 참으로 너희 가운데 계신다 전파하리라 (고전 14:24~25)

바울은 회중 예배의 바른 질서를 설명하면서 회중 예배에 하나님의 영이 예언적인 기름부음으로 역사할 수 있다고 말한다. 예언의 은사가 나타나면 하나님은 회중 속 불신자들의 마음을 읽으신다. 이것은 예언으로 불신자에게 수치를 주려는 것이 아니라 오히려 불신자가 하나님이 정말 자기 삶을 보고 아시며 그 마음의 간절한 소망을 아신다는 것을 깨닫고 경험하게 하려는 것이다.

바울은 불신자의 마음에 숨은 일들이 드러나면 엎드려 하나님을 경배하고, 더 나아가 친구들에게 가서 "하나님이 저 사람들과 함께 계셔!"라고 말할 것이라고 기록한다.

이것이 우리가 원하는 예배의 모습이다. 우리는 불신자들이 우리 예배에 나와서 다양한 방식으로 살아계신 하나님을 경험하고 엎드려 경배하며 "하나님이 우리 중에 함께 하신다"라고 선포할 만큼 강력한 하나님의 임재가 나타나기를 원한다.[3]

---

3. 자세한 내용은 나의 책《주의 임재의 강으로 뛰어들라》(벧엘북스 출간 예정)를 참고하라.

나는 예언적 예배의 파도가 강력하게 몰려와서 불신자들을 깨워 하나님이 자기 자녀들과 함께하심을 깨닫는 모습을 본다.

파도 타는 사람들을 위한 질문

1. 어떻게 해야 교회 예배에서 세 가지 노래 형태인 시와 찬송과 신령한 노래를 더 강력하게 표현할 수 있을까?

2. 창의적인 예배자들이 일어난다는 말이 어떤 의미로 다가오는가?

3. 저자의 즉흥적 예배의 정의를 함께 나누어 보라. 어떤 도움이 되는가?

4. "이제 예배사역은 주일 아침 30분의 예배만 준비하는 것이 아니라 그리스도의 몸이 하나님의 보좌 앞에서 24/7 쉬지 않고 예배하도록 무장하는 역할을 감당할 것이다"라는 저자의 말에 동의하는가? 동의하는 이유와 동의하지 않는 이유를 나누어 보라.

13장

옛적 길

하나님이 보내실 예배의 다음 파도에 동참하려면 새로운 미래를 기대하면서 동시에 옛적 길도 돌아 볼 수 있어야 한다. 우리는 새로운 미래를 기대해야 한다. 왜냐하면 하나님은 언제나 새 일을 하시기 때문이다. 하나님은 이렇게 말씀하셨다. "보라 내가 새 일을 행하리니 이제 나타낼 것이라 너희가 그것을 알지 못하겠느냐?"(사 43:19). 파도를 타려면 바다 위의 물결을 읽어야 하는 것처럼 우리는 예배에서 과거에는 한 번도 경험하지 못한 새로운 것을 기대해야 한다. 또 하나님은 변함이 없으시며 과거에 하신 모든 일을 지금도 한결같이 하시기 때문에 우리는 하나님의 옛적 길도 돌아봐야 한다. 하나님은 분명히 우리를 옛적 길로 부르신다.

여호와께서 이와 같이 말씀하시되 너희는 길에 서서 보며 **옛적 길** 곧 선한 길이 어디인지 알아보고 그리로 가라 너희 심령이 평강을 얻으리라 하나 그들의 대답이 우리는 그리로 가지 않겠노라 하였으며 (렘 6:16)

137

주님은 우리를 옛적 길로 부르신다. 옛적 길은 옛적 기름부음으로 이끈다. 내가 전에 참여한 온라인 회의에서 데이비드 데미안은 하나님이 마지막 때의 목적을 위해 옛적 기름부음을 풀어 주신다고 말했다. 새로운 것을 분별하려면 옛적 길을 알아야 한다. 예수님은 지혜로운 자는 새것과 옛것을 둘 다 귀하게 여긴다고 말씀하셨다.

> 예수께서 이르시되 그러므로 천국의 제자 된 서기관마다 마치 새것과 옛것을 그 곳간에서 내오는 집주인과 같으니라
> (마 13:52)

이 책은 앞으로 다가올 새로운 것을 기대하는 데 초점을 맞추지만 특별히 이번 장에서는 옛적 길로 돌아가서 예배의 고대 요소를 주의 깊게 살펴보고자 한다. 옛적 길은 우리를 성령님의 새로운 파도를 맞이할 장소로 인도할 것이다.

예수님을 향한 헌신

모든 예배의 기반은 예수님을 향한 친밀함과 상사병에 걸렸다고 표현할 정도로 넘쳐흐르는 사랑으로 가득한 헌신에 있다. 이런 헌신이 항상 예배의 기초였으며 앞으로도 변하지 않을 기초다. 예배는 개인적이다. 우리는 오직 예수님을 향해 노래한다. 예수님이 우리 노래에 귀 기울이신다면, 다른 사람이 우리가 만든 노래를 불러 주지 않는다고 속상해할 필요가 없다.

사도 바울의 고백처럼 우리는 "그리스도 예수를 아는 가장 고상한 지식"(빌 3:8) 한 가지를 추구하려고 다른 모든 것을 기꺼이 포기하는 사람들이다. 예배자들은 노래나 음악에 관심이 없으며 오직 예수님만 추구한다. 우리는 "그리스도와 그 부활의 권능과 그 고난에 참여함"(빌 3:10)을 알기 원한다. 마지막 때에 그리스도의 얼굴을 추구하는 고대의 갈망이 우리를 사로잡을 것이다. 모든 예배는 사랑에 관한 것이다.

내 친구이자 현대 시편 기자인 데이비드 포를루는 나에게 이렇게 말했다. "우리는 하나님의 충만함 속에서 하나님을 알고 하나님의 마음에 합한 사람이 되어야 할 큰 책임이 있습니다. 우리가 이렇게 될 때 주님은 우리에게 한 세대와 한 문화 전체를 바꿀 수 있는 노래를 쓰는 은혜를 주실 것입니다."

메리 알레시는 이렇게 말했다. "하나님은 항상 우리를 하나님을 더 아는 장소로 이끄십니다. 우리는 오직 주님의 성품과 주님의 본성을 깨달아 주님을 더욱 알기를 원해야 합니다."

내 브라질 친구이자 현대 시편 기자인 로라 수겔리스는 나에게 찬양 작곡이 어느샌가 성공을 위한 발판과 공식이 되어버렸다고 안타까워했다. 작곡가들은 유명한 예배 곡을 쓰는 데 혈안이 되어서 사람들이 듣기 좋은 곡을 쓰려고 기술을 갈고닦는다.

현대의 많은 예배 곡이 예배 중에 나오는 것이 아니라 "히트송"을 만드는 전문 녹음실에서 나온다. 로라는 그 결과 우리가 예배에서 나오지 않은 노래로 주님을 예배하기 위해 애쓰고 있다고 지적한다. 정말 끔찍한 현실이다.

예배의 다음 파도에서 나올 노래들은 시편 기자들이 예수님을 향한 상사병처럼 깊은 사랑으로 예배하는 중에 터져 나올 것이다. 현대의 시편 기자들은 인간적인 성공과 유명함을 추구하던 길에서 벗어나 예수님을 향한 첫사랑으로 돌아가서 자신의 사랑을 아낌없이 바치고 헌신하며 찬양을 작곡하게 될 것이다.

예수님을 향한 첫사랑이 우리가 돌아가야 할 옛적 길이다.

경건한 성품

기름부음은 바른 성품으로만 유지할 수 있다. 큰 위업을 성취하도록 성령님의 강력한 기름부음을 받았지만 일치하지 않은 성품 때문에 파멸한 삼손의 비극적인 삶은 우리에게 큰 교훈을 준다. 하나님은 레위인들에게 경건한 성품을 원하셨다. 우리의 성품이 주님께 얼마나 중요한지 다음 구절에서 알 수 있다.

그가 은을 연단하여 깨끗하게 하는 자 같이 앉아서 레위 자손을 깨끗하게 하되 금, 은 같이 그들을 연단하리니 그들이 공의로운 제물을 나 여호와께 바칠 것이라 (말 3:3)

하나님은 레위인들의 성품이 하나님의 의를 반영할 때까지 정결케 하신다. 하나님은 우리 삶에서 그리스도를 닮은 형상이 금처럼 밝게 빛날 때까지 연단하는 불로 우리 안의 모든 불순물을 태워 없애신다. 주님은 우리에게 특별한 제물이 아니라 공의로운 제물을 요구하신다.

질투하시는 하나님은 레위인들이 거룩함과 겸손으로 살 때까지 정결케 하시는 일을 멈추지 않으신다.

우리가 이 마지막 때에 앞으로 나갈 수 있는 유일한 길은 "겸손"이라는 은혜로운 옛적 길뿐이다. 하나님은 겸손으로 깨끗이 씻지 않은 것은 받지 않으신다. 오직 겸손만이 우리가 예배의 다음 파도를 타고 해변까지 갈 수 있는 유일한 길이다. 하나님 앞에 겸손히 바짝 엎드려 부르짖으며 자비를 구하자.

정직과 겸손의 관점에서 예배인도자들이 자주 하는 실수가 있다. 어떤 예배인도자는 예배를 인도하면서 마치 자신이 성령님의 파도에 올라탄 것처럼 말하지만, 실제로는 여전히 올라탈 파도를 찾으면서 일어나지 않은 일을 일어난 것처럼 말하는 모습이다. 이것은 사실이 아닌 과장일 뿐이며 정직하지 않은 예배 인도 방법이다. 주님은 특별한 제물이 아니라 공의로운 제물을 원하신다.

하나님은 세례 요한의 성품과 기름부음이 일치하기를 원하셨기 때문에 광야에서 자라게 하셨다. 성경은 예수님이 군중에 둘러싸여 세례받으실 때 성령님이 비둘기처럼 역사하시는 모습을 본 사람은 오직 세례 요한뿐이라고 말한다. 비둘기 같으신 성령님을 보려면 세례 요한 같은 생활방식으로 살아야 한다. 예배 중에 비둘기처럼 역사하시는 성령님을 보기 원한다면 세례 요한 같은 생활방식을 선택하라. 내려놓을 것은 내려놓아야 한다.

예배의 다음 파도는 오직 정직과 진리와 겸손과 의로움이라는 옛적 길을 걷는 레위인들만 올라탈 수 있다.

십자가

나는 이미 11장에서 십자가를 자세히 다루었지만, 이번 장에서 한 번 더 강조하고 싶다. 예배의 다음 파도를 타는 유일한 방법은 우리 눈을 십자가와 어린양께 고정하는 것이다.

언제나 예배는 하나님의 계시를 향한 우리의 응답이다. 십자가는 성경 전체에서 하나님이 참으로 어떤 분인지를 가장 완벽하게 드러내는 계시이다. 그러므로 십자가에 나타난 하나님의 사랑을 보고 깨달으면 예배하지 않을 수 없다.

사도 요한은 계시록에 예수님께 받은 계시를 나누면서 천상 예배의 모습을 여러 번 언급한다. 그중 몇몇 모습은 굉장히 강렬하다. 내가 생각하는 가장 강렬한 예배의 모습은 계시록 5:6~14, 7:9~12, 그리고 19:6~7이다. 이 놀라운 세 예배의 핵심 요소는 무엇일까? 바로 하나님의 어린양이시다.

찬양은 언제나 위대한 성취를 따른다. 예를 들어 애플의 공동 창업자인 스티브 잡스가 세상을 떠났을 때, 수많은 사람이 그의 천재적이며 독창적인 업적을 칭송했다. 전 세계의 작가와 수많은 기자가 스티브 잡스의 전설 같은 유업을 아름다운 언어로 표현하려고 고심했다. 사람들은 저마다 자신의 글과 기사가 스티브 잡스의 업적과 영향력을 적절하게 반영하기를 원했다.

마찬가지로 우리가 십자가를 바라보고 십자가를 지신 예수님의 희생에 담긴 깊은 의미를 깨달으면 우리를 위해 죽으신 예수님을 향한 우리의 찬양이 장엄한 골고다의 정상까지 닿기를 간절히 소원하게 된다. 어린양의 계시는 최고의 찬양과 가장 깊은 예배의 샘물이 터지게 한다. 우리는 장엄한 갈보리에 합당한 예배의 표현을 찾는 일을 절대 멈추지 말아야 한다. 나는 예언한다. 앞으로 나올 새로운 예배 곡의 상당수가 어떤 방식이든 십자가를 가리킬 것이다. 십자가는 예배의 파도를 탈 수 있는 유일한 길이다.

우리는 악한 세력이 수단을 가리지 않고 교회 안에서 십자가의 중요성을 약하게 하려고 노력하는 시대에 산다.[1] 우리는 이런 악하고 거짓된 흐름에 동참하지 말고 십자가의 친구가 되어야 한다(빌 3:18). 십자가는 부끄러움이 아니라 우리의 자랑이자 영광이다.

> 그러나 내게는 우리 주 예수 그리스도의 십자가 외에 결코 자랑할 것이 없으니 그리스도로 말미암아 세상이 나를 대하여 십자가에 못 박히고 내가 또한 세상을 대하여 그러하니라
> (갈 6:14)

나는 예배하는 공간에서 가장 눈에 잘 띄는 곳에 십자가를 두는 것을 좋아하고 그렇게 하기를 지지한다. 십자가가 우리 예배의 중심이라면 실제로 우리 예배 처소 실내장식의 중심에도 십자가가 있어야 하지 않을까? 예배 처소에서 우리 눈의 초점을 십자가에 맞추고, 우리가 모여 예배하는 이유가 십자가 때문임을 잊지 말고 기억하자. 우리가 창조적인 모습과 방법으로 예배와 찬양과 선포의 중심과 전면에 십자가를 드러낼 때 다음 예배의 파도를 타는 최적의 지점에 자리 잡을 것이다.

---

1. 나의 책《THE CROSS 십자가 : 부활을 주시는 살아있는 능력》에서 이 부분을 자세히 다루었다.

그리스도의 십자가를 끈질기게 붙들고 예배의 혁신을 추구하라. 조지 버나드가 1912년에 작곡한 「갈보리 산 위에」의 가사가 우리를 옛적 길로 이끈다.

최후 승리를 얻기까지
주의 십자가 사랑하리
빛난 면류관 받기까지
험한 십자가 붙들겠네

말씀을 노래하라

거듭 강조한다. 회중이 성경 말씀을 노래하는 것은 예배의 다음 파도를 타는 아주 중요한 요소이다. 말씀을 노래하는 것은 아주 오래전부터 이어 온 예배의 전통이다. 바울도 성경에 이렇게 기록했다.

그리스도의 말씀이 너희 속에 풍성히 거하여 모든 지혜로 피차 가르치며 권면하고 시와 찬송과 신령한 노래를 부르며 감사하는 마음으로 하나님을 찬양하고 (골 3:16)

바울은 우리가 주야로 하나님의 말씀을 묵상해서 우리 마음을 말씀으로 풍성하게 채우면 일상에서 자연스럽게 말씀이 노래로 흘러나올 것이라고 말한다. 사실 말씀을 노래하는 것은 사도 바울의 시대보다 훨씬 더 오래된 고대의 관습이다.

다윗도 말씀으로 노래하기를 실천했다. 아마도 다윗은 언약궤 앞에 앉아 모세 오경으로 이루어진 성경책을 펼쳐 놓고 주님의 영광을 바라보고 하프를 연주하며 말씀을 읽고 노래하지 않았을까?

다윗이 성경 말씀을 노래할 때 마음에 예배의 불이 타오르고 눈물이 흐르며 주를 향한 사랑이 넘쳤을 것이다. 다윗은 성경 한 구절을 놓고 다양한 각도에서 찾아낼 수 있는 모든 것을 노래했을 것이다. 어쩌면 다윗은 한 구절로 한 시간을 노래하지 않았을까?

나는 다윗이 노래하기에 가장 좋아한 성경책이 신명기였을 것으로 생각한다. 왜냐하면 다윗의 시편에는 신명기에 나오는 특정한 단어가 여러 번 등장하기 때문이다.

신명기는 주님을 우리 왕으로 표현한다. 다윗의 시편에서 왕이라는 표현이 계속해서 나온다.

신명기는 하나님을 우리 방패라고 고백한다. 다윗의 시편에서도 주님은 우리 방패이시다.

신명기에서 하나님은 우리 피난처이시다. 다윗의 시편에서도 하나님은 우리 피난처이시다.

신명기에서 하나님은 우리 반석이시다. 다윗의 시편은 하나님이 우리 반석이심을 계속해서 고백한다.

다윗은 성경 한 구절을 취하여 그 속으로 깊이 들어가 오랜 시간 말씀 안에 풍성히 거하면서 상상할 수 있는 모든 각도에서 말씀을 묵상하고 노래했다. 그렇게 묵상하고 노래한 말씀이 다윗의 마음에서 흘러넘쳐 시편이 되었다.

말씀을 노래하는 것은 시편 기자들이 걸어온 옛적 길이며 현대의 시편 기자들이 예배의 다음 파도에서 우리를 인도할 방법이다.

시편 기자의 기름부음

성령님이 다윗 왕에게 허락하신 시편 기자^{PSALMIST}의 기름부음은 구약에만 있었던 기름부음이 아니다. 성령님은 현대의 예배자들에게도 시편 기자의 기름부음을 주신다. 예배인도자들이여, 시편 기자의 기름부음을 추구하라!

시편 기자의 기름부음은 다윗이 은밀한 곳에서 사랑하는 주님을 예배할 때 역사한 성령님의 기름부음이다. 다윗은 이 기름부음으로 하나님을 향한 부르짖음을 노래로 표현했으며 이 노래를 이스라엘에게 나누었을 때, 온 이스라엘이 예배를 표현하는 새로운 기준이 되었다. 더 나아가 다윗은 예언의 영으로 앞으로 일어날 일들을 노래했다. 성령님은 다윗에게 주신 것과 같은 시편 기자의 기름부음을 현대의 준비된 예배자에게도 부어 주기 원하신다.

시편 기자들은 하나님의 말씀 안에 깊이 들어가는 만큼 성령 안에서 높이 날아오를 수 있다. 이것을 가장 잘 드러내는 최고의 비유는 연이다. 연이 하늘 높이 날아오르려면 땅에 단단히 붙들려 있어야 한다. 마찬가지로 시편 기자들이 진리의 말씀에 뿌리를 내리고 굳건히 설 때 성령님의 바람을 타고 높이 날아올라 "영과 진리"로 예배할 수 있다. 우리가 진리의 말씀에 더 깊이 들어갈수록 예배에서 더욱 높이 날아오를 수 있다.

시편 기자의 기름부음은 무대나 강단 위의 기름부음이 아니라 주님과 예배자만 아는 은밀한 골방에서 나오는 기름부음이다. 시편 기자는 은밀한 곳에서 만들어진다. 시편 기자는 은밀한 골방에서 성령님이 주신 불을 품고 회중 앞에서 타오른다. 개인적인 예배에서 시편 기자와 예배인도자들을 불태운 노래가 회중도 타오르게 한다. 시편 기자의 기름부음은 무대나 강단에서 받는 것이 아니라 주님과 함께하는 은밀한 골방에서 받는다. 아무도 모르는 은밀한 곳에서 하나님이 우리에게 빛을 비추실 때 우리의 찬양은 주님의 집 전체를 환하게 밝힐 것이다(마 5:15).

예수님은 "내게는 너희가 알지 못하는 먹을 양식이 있느니라"라고 말씀하셨다(요 4:32). 시편 기자들도 다른 사람은 알지 못하는 은밀한 골방에서 예수님과 함께 나눈 친밀한 교제의 시간에 다른 사람을 인도하는 기름부음을 얻는다. 시편 기자들은 성령님의 인도를 따라 은밀한 골방에서 얻은 기름부음으로 무대와 강단 위에서 주님의 집을 환하게 밝힌다.

다시 한번 말한다. 시편 기자의 가장 강력한 기름부음은 무대와 강단 위가 아니라 은밀한 골방에 있다. 은밀한 골방에서 기름부음을 받는 법을 배운 시편 기자들은 무대 위나 강단에서 자신의 노력을 의미하는 심지가 아닌 성령님께 받은 기름을 태운다.

옛적 다윗 왕의 기름부음 아래 있는 현대 시편 기자들은 성령님의 능력으로 우리가 예배의 다음 파도를 포착하도록 도울 것이다. 현대의 시편 기자들이여, 기름부음을 따라 살며 어떤 상황에도 이 기름부음을 사고팔지 말라.

상처 입은 시편 기자

시편을 묵상하면 시편 기자들은 하나님께 상처 입은 사람들인 것 같다는 인상을 받을 때가 있다(시 69:26). 하나님은 때때로 자기 친구인 시편 기자들에게 상처를 주시고 가장 깊은 노래를 끌어내신다. "친구의 아픈 책망은 충직으로 말미암는 것이나"(잠 27:6a).[2] 시편 기자들은 절뚝거리며 옛적 길을 걸었다.

예수님이 창에 옆구리가 찔리셨을 때 온 열방에 생명을 주는 샘물의 원천이 터졌다. 우리가 찔릴 때도 비슷한 일이 일어난다. 우리가 받은 상처가 우리 세대에 생명을 불어넣는다. 만일 하나님이 우리를 상처 입히지 않으시면 무대나 강단이 우리를 상처 입힐지도 모른다.

내 친구이자 현대 시편 기자인 데이비드 루고는 아르헨티나의 지독히도 가난한 가정에서 태어나 자랐다. 11살 때 차에 치여 죽음의 문턱까지 갔을 때 예수님의 초자연적인 치유를 받아 지금 우리와 함께 할 수 있었다. 데이비드는 나에게 예배를 인도할 때마다 항상 끔찍한 사고의 순간으로 돌아가 고통을 회상한다고 말했다. 데이비드의 상처에서 생명을 전달하는 예배의 열정이 흘러온다. 데이비드는 이렇게 말한다. "하나님은 우리가 고통에서 생명을 받아 누리도록 때때로 상처를 주십니다."

친구이자 시편 기자인 리타 스프링어는 수많은 찬양 작곡자가 좋은 노래를 만들기 위해 간절한 마음으로 연습실에 앉아 있지만 정작 가장 중요한 요소인 '하나님과의 친밀한 경험'이라는 저장소

---

2. "친구가 주는 상처는 신실한 것이나" (잠 27:6a, 한글킹)

가 비어 있다고 말했다. 리타 스프링어는 이렇게 고백한다. "내가 예배 작곡가로 성장했던 지점은 인생 구석구석의 수많은 질문과 걱정과 고민 속이었어요." 우리가 고난과 어려움 속에 주님의 친밀함과 임재를 경험할 때 놀라운 일이 일어난다.

욥, 야곱, 요셉, 예레미야가 걸었던 옛적 길을 우리도 함께 걷자. 주님은 우리에게 상처를 주시지만, 또한 우리를 싸매 주신다(호 6:1). 마지막 때의 환란 속에서도 상처 입은 시편 기자들의 예배 곡으로 한 세대 전체가 예수님을 사랑하게 될 것이다. 이것이 바로 옛적 길이다.

금식, 눈물, 애통함

옛적 길로 돌아가는 것은 금식과 눈물과 애통함으로 돌아가는 것이다. 성령님은 요엘 선지자를 통해 분명히 선포하신다.

12 여호와의 말씀에 너희는 이제라도 금식하고 울며 애통하고 마음을 다하여 내게로 돌아오라 하셨나니 13 너희는 옷을 찢지 말고 마음을 찢고 너희 하나님 여호와께로 돌아올지어다 그는 은혜로우시며 자비로우시며 노하기를 더디하시며 인애가 크시사 뜻을 돌이켜 재앙을 내리지 아니하시나니 (욜 2:12~13)

앞서 말한 것처럼 우리가 예배의 다음 파도에서 전진할 수 있는 유일한 방법은 겸손뿐이다. 우리가 금식과 애통함으로 자신을 주님 앞에 겸손케 할 때 하나님이 겸손한 사람에게만 허락하시는 은혜를 받을 수 있다(약 4:6). 눈물을 참지 말라. 눈물은 마음을 부드럽게 하며 하나님을 더욱 사랑하게 하고 눈을 깨끗케 한다.

애통함은 다윗에게 역사한 옛적 시편 기자의 기름부음의 핵심이었다. 다윗은 자신이 쓴 시편 곳곳에 애통함을 표현한다. 우리는 이러한 시편을 애가LAMENT라고 부른다. 애가는 우리가 옛적부터 흐르는 물줄기에 가까이 가도록 도와주며, 예배의 다음 파도에 올라탈 수 있게 한다.

무엇을 애통해야 하는가? 우리의 힘으로 바꿀 수 없는 영혼의 죄악 때문에 애통해야 한다(눅 18:13). 또 우리 영적인 파산과 눈먼 상태 때문에 애통해야 한다(계 3:17). 그리고 우리 불신앙과 굳은 마음 때문에 애통해야 한다(막 16:14). 이 시대의 예수 그리스도의 교회 안의 수치와 모욕 때문에 애통해야 한다(습 3:18).

얼마나 애통해야 하는가? 시편 기자 크리스 토필론은 종종 자기 기타로 영적인 신음을 연주할 때가 있다고 말한다. "나는 가끔 감정을 완전히 토해낼 때가 있습니다. 그러고 나면 지쳐서 누구와도 대화하고 싶지 않을 정도가 되지요."

우리는 왜 애통하고 눈물 흘리는가? 예수님의 약속을 믿기 때문이다. "애통하는 자는 복이 있나니 그들이 위로를 받을 것임이요"(마 5:4). 우리의 무력함 때문에 느끼는 애통함을 주님은 어떻게 위로하시는가? 주님은 부활의 능력을 교회에 풀어주심으로 교회를 위로하신다.

주님은 우리 불신앙에서 오는 애통함을 어떻게 위로하시는가? 산을 움직이는 믿음을 주심으로 위로하신다. 우리는 주님의 위로를 받기 위해 애통해한다!

금식이라는 귀한 옛적 길은 우리가 영적인 바다를 읽고 오늘날 하나님이 교회에 어떻게 역사하시는지를 알 수 있게 도와준다. 나는 다가올 예배의 다음 파도를 타고 부활의 권능으로 산을 옮기는 믿음의 열매를 보기 원한다!

파도 타는 사람들을 위한 질문

1. 하나님이 당신을 어떻게 옛적 길로 걷도록 초대하셨는지 나누어 보라.

2. 당신의 삶에서 하나님의 연단 하시는 불을 어떤 방식으로 경험했는가?

3. 이번 장에서 말씀을 노래하는 것에 관하여 새롭게 배운 것이 있는가? 소그룹과 나누어 보라.

4. 이번 장에서 그룹과 함께 토론하기를 원하는 문장이 있다면 같이 나누어 보라.

NEXT WAVE
WORSHIP IN A NEW ERA

14장

다가올 영광

하나님의 영광의 파도가 교회를 향해 몰려온다. 우리가 이것을 어떻게 알 수 있는가? 하나님이 성경에 말씀하셨기 때문이다.

> 그러나 진실로 내가 살아 있는 것과 여호와의 영광이 온 세계에 충만할 것을 두고 맹세하노니 (민 14:21)

하나님은 성경에 적어도 세 번 주님의 영광이 온 땅을 덮을 것이라고 약속하셨다(민 14:21; 시 72:19; 합 2:14). 세 성경 본문 모두 하나님이 매우 중요하고 강력한 초자연적인 일을 행하시므로 온 땅이 그 소식을 듣고 하나님이 하신 일이 맞다고 확증한다는 내용이다. 다가오는 영광의 파도 속에서 온 세상이 이렇게 인정할 것이다. "하나님이 자기 사람들을 찾아오셨다."

이사야 선지자도 다가올 영광을 기록했다. "여호와의 영광이 나타나고 모든 육체가 그것을 함께 보리라. 이는 여호와의 입이 말씀하셨느니라"(사 40:5).

이사야는 세례 요한이 어떻게 그리스도가 오실 길을 예비할지 이야기했다. 예수님이 공생애 사역을 시작하신 후 베푸신 많은 치유와 기적으로 주님의 영광이 나타났으며 모든 육체가 주님의 영광을 보았다. 예수님과 함께한 모든 사람이 물고기와 빵이 증가하는 것을 보았으며 눈먼 사람이 치유 받아 눈을 뜨는 것을 보았고 죽은 아들이 살아나 관에서 일어나는 것을 보았다.

주님의 영광이 임하면 누구는 보고 누구는 못 보는 것이 아니라 모든 사람이 영광의 실체를 두 눈으로 보고 체험한다. 임재의 영역에서 사람들은 주관적인 감동과 내면의 감정을 느낀다. 그러나 영광의 영역에서는 영적인 세계가 물리적인 세계로 뚫고 들어오면서 모든 사람이 기사와 표적을 두 눈으로 본다.[1]

하나님이 교회에 영광으로 방문하실 때 성도들과 함께 회의론자와 불신자들도 치유와 기적을 볼 것이다. "모든 육체가 그것을 함께 보리라." 영광을 위해 준비하라!

큰 모임

다가올 영광의 파도에서는 많은 사람으로 붐비는 큰 모임을 준비해야 한다. 나는 다음 성경 구절이 이것을 약속한다고 본다.

보라 나는 그들을 북쪽 땅에서 인도하며 땅끝에서부터 모으리라 그들 중에는 맹인과 다리 저는 사람과 잉태한 여인과 해산하는 여인이 함께 있으며 큰 무리를 이루어 이곳으로 돌아

---

1. 나의 책 《영광: 하늘이 땅을 침노할 때》에서 이 주제를 자세히 다루었다.

오리라 (렘 31:8)

여호와께서 말씀하시되 그날에는 내가 저는 자를 모으며 쫓
겨난 자와 내가 환난 받게 한 자를 모아 (미 4:6)

보통 시각 장애인이나 다리 저는 사람, 쫓겨난 사람, 환난 받
은 사람들은 대부분 자신의 불편함 때문에 많은 사람이 붐비는 모
임에 참석하지 않는다. 하지만 한 가지 예외가 있다. 바로 예수님
이 병자를 치유하실 때이다. 하나님이 역사하신 결과, 시각 장애
인이나 각종 질병으로 고생하던 사람이 완전히 치유 받았다는 소
식이 퍼지면 순식간에 큰 무리가 몰려든다. 영광이 역사하면 평
생을 휠체어에 앉아서 살던 사람이 자기 휠체어를 밀며 집회장에
서 걸어 나간다.

내가 이 글을 쓰는 지금, 교회는 코로나 바이러스 때문에 텅 비
었으며 사람들로 붐비는 모임을 상상하기 어렵다. 그러나 다가올
영광에서는 이 땅의 교회들이 영혼의 추수를 다 담지 못해 흘러넘
쳐 대형 경기장을 가득 채울 것이다. 하박국 선지자는 이렇게 예언
했다. "*역병이 그 앞에서 행하며*"(합 3:5). 어쩌면 주님이 코로나 바
이러스 같은 역병을 이용하며 교회들이 기사와 표적과 권능으로
역사하실 주님의 놀라운 방문을 예비하게 하시는 것은 아닐까?

임재와 영광

성경에 나타난 임재와 영광의 관계는 참으로 매혹적인데, 이

둘은 강력한 정도에 따른 역동적인 관계인 듯하다. 즉 하나님이 덜 강력하게 나타나실 때, 우리는 임재를 경험한다. 하나님이 더 강력하게 나타나실 때, 우리는 영광을 경험한다.

임재는 손으로 만질 수 없는 예수님과의 주관적인 만남이다. 그러므로 임재 안에서는 우리 각 사람이 다양한 방법으로 예수님과 개인적인 체험을 한다. 반면에 영광은 누구나 볼 수 있도록 가시화된 예수님과의 객관적인 만남이다. 영광의 영역에서는 모든 사람이 같은 것을 보며 예수님을 객관적이고 확증된 모습으로 경험한다. 예를 들어 명백한 기적과 치유는 영광의 영역에 속한다.

초대 교회는 다락방에 역사한 영광에서 시작했다. 교회의 DNA에는 이미 영광이 심겨 있다(행 2장). 우리는 예수님의 임재를 사모하지만, 하나님의 영광을 경험하기 전에는 결코 만족하지 못할 것이다. 임재는 교회의 특징EARMARK이며 영광은 교회의 입증VINDICATION이다(출 33:16; 엡 3:21).

영광을 향하여

영광의 파도를 경험하려면 어떻게 해야 하는가?

첫째, 주님의 임재 안에 들어가서 더 깊은 임재를 갈망하라. 임재의 영역은 우리 모두에게 언제나 활짝 열려 있으며 누구나 들어갈 수 있다. 예수님은 두세 사람이 모이는 곳에 항상 함께하신다(마 18:20). 주님의 임재 안에 들어가 머물면서 성령님을 힘입어 더욱 깊이 들어가서 더 충만한 임재를 구하라.

오늘날 새롭게 시작하는 많은 교회가 임재를 최우선 순위로 삼는다. 이 교회들은 임재를 위한 교회들[PRESENCE CHURCHES]이다. 이 교회들의 목적은 주님의 임재 안에 모이며, 주님을 섬기고, 주님이 하시는 일을 지켜보는 것이다. 우리가 주님의 임재를 소중히 여기고 존중할 때 우리는 주님의 영광을 받을 준비를 하는 것이다.

첫째 제안의 비유를 보자. 예수님이 죽은 어린 소녀를 살리려고 한 집을 방문하셨을 때 이렇게 말씀하셨다. "이르시되 물러가라[MAKE ROOM] 이 소녀가 죽은 것이 아니라 잔다 하시니"(마 9:24). 예수님이 영광을 보이시고 소녀를 죽음에서 살리시려면 먼저 어수선한 방을 깨끗이 정리할 필요가 있었다.[2] 우리는 부활을 위한 공간을 마련하기 위해 먼저 방을 정리해야 한다. 즉, 예수님이 영광을 나타내실 수 있는 공간을 만들어야 한다. 우리가 하나님의 영광을 위한 공간을 만들려면 주님의 임재 안에 더 깊이 들어가서 주님을 예배하고 기다려야 한다.

둘째, 성령님께 심어라. 호세아 8:7을 보자. "그들이 바람을 심고 광풍을 거둘 것이라." 문맥상 호세아 선지자는 우상을 숭배하는 이스라엘을 향해 말하는 것으로 이스라엘이 가짜 신들에게 예배하는 것은 바람에 씨를 심는 것이며 결국 심판의 광풍을 거둘 것이라는 의미이다. 나는 그 반대도 진실이어야 한다고 생각한다. 우리가 예수님을 예배할 때 우리는 성령의 바람에 씨를 심는 것이다. 우리가 성령의 바람에 씨앗을 심으면 결국 영광의 폭풍을 거둘 것이다(욥 38:1; 겔 1:4).

---

2. 개역개정 성경의 "물러가라"라는 표현은 영어 성경에서 "Make room"이라는 단어로 '방을 치우고 공간을 만들라'는 표현으로 해석할 수 있다.

셋째, 영광을 구하라. 영광의 파도를 경험하고 싶다면 주님께 구하라! 우리의 모범은 주님의 영광을 간구한 모세다. "주의 영광을 내게 보이소서"(출 33:18). 이 용감한 간구에 하나님이 응답하셨다. "나는 내가 원할 때 누구에게든지 내 영광을 나타낼 것이다. 나는 너의 요청을 들어줄 것이다." 그리고 하나님은 에스겔, 이사야, 야곱, 사도 요한이 경험한 영광의 세 가지 요소로 모세를 만나신다. 영광의 세 가지 요소는 무엇인가? 우리가 하나님의 영광을 만나면 초자연적인 무언가를 보고^{SEE}, 듣고^{HEAR}, 느낀다^{FEEL}.

모세는 주님을 보았으며 주님의 음성을 들었고 주님의 손이 모세 위에 얹어졌다. 이것이 바로 영광이다! 이런 영광을 경험하려면 우리는 그저 주님께 구하고 주님이 어떻게 응답하시는지 지켜보는 것 외에는 할 수 있는 것이 없다.

예배인도자들이여, 교회에 영광으로 방문하실 예수님의 파도에 올라탈 준비를 하라!

파도 타는 사람들을 위한 질문

1. 영광이 역사하면 모든 사람이 동시에 같은 경험을 한다. 이런 경험을 한 적이 있는가?

2. "우리는 예수님의 임재를 사모하지만, 하나님의 영광을 경험하기 전에는 결코 만족하지 못할 것이다." 이 문장에 공감

하는가? 어떤 생각이 드는지 나누어 보라.

3. 영광을 위한 공간을 만들라는 말이 어떤 의미로 다가오는
가?

4. 소그룹과 함께 "주여! 우리에게 주의 영광을 보여주소서!"
라고 기도하라.

NEXT WAVE

WORSHIP IN A NEW ERA

15장

파도를 어떻게 탈 것인가?

나는 **파도타기를 비유로** 우리 예배사역이 성령님이 일으키시는 예배의 다음 파도를 어떻게 타야 할지 설명했다. 여러분의 마음에 예배의 다음 파도를 타고 싶은 갈망이 일어나기를 바란다. 이제 예배인도자의 마음에는 이런 질문이 떠오를 것이다. "예배라는 광활한 바다에서 성령님이 일으키시는 파도의 움직임을 더 잘 읽고 분별하려면 어떻게 해야 합니까?" 이 질문에 나는 세 가지를 제안한다. 첫 번째 권면부터 보자.

예상치 못한 일을 기대하라

복음서에 나오는 예수님의 공생애 사역을 따라가 보면 예수님이 하신 많은 일이 얼마나 "예상치 못한 일"이었는지 깜짝 놀라게 된다. 군중은 예수님의 가르침을 전혀 예상하지 못했기 때문에 깜짝 놀랐다(마 7:28). 예수님의 기적도 전혀 예상치 못한 것이어서 많은 사람이 경이롭게 여겼다(막 2:12). 제자들에게도 예수님을 따르는 여정이 날마다 깜짝 놀랄 만한 새로운 모험의 연속이었다. 예수님의 말씀, 예수님의 반응, 예수님의 행하심 그리고 예수님의 관점은 언제나 예상치 못한 놀라움 그 자체였다.

예수님의 사역에서 가장 생명력 넘치는 예배 역시 전혀 예상치 못한 순간에 일어났다. 바로 예수님이 예루살렘에 승리로 입성하신 순간이다. 예수님이 예루살렘에 들어가시는 순간 터져 나온 찬양은 예수님의 공생애 사역 이전에는 없었던 찬양의 모습이다. 수많은 군중의 함성과 강력한 생명력, 넘치는 힘으로 이루어진 전례 없는 찬양이 예수님의 예루살렘 입성에서 일어났다.

공생애 사역 동안 예수님은 따르는 사람들에게 자주 "아무에게도 말하지 말라"고 말씀하셨다. 그러나 예수님이 새끼 나귀를 타고 예루살렘을 올라가시는 순간 모든 군중이 찬양하기 시작하자 예수님은 군중이 소리쳐 외칠 수 있게 허락하셨다. 마치 예수님이 고개를 끄덕이며 허락하신 것처럼 모인 군중은 마음에 꾹꾹 눌러왔던 찬양을 큰 소리로 외쳤다. "호산나!"

이 모습을 보고 비판적인 바리새인들이 예수님께 찬양하는 사람들을 책망해 달라고 요구했지만, 오히려 예수님은 이렇게 말씀하셨다. "내가 너희에게 말하노니 만일 이 사람들이 침묵하면 돌들이 소리 지르리라 하시니라"(눅 19:40). 누가는 사람들의 찬양이 그토록 놀라운 이유를 이렇게 설명한다. "자기들이 본 바 모든 능한 일로 인하여"(눅 19:37) 3년간 예수님이 행하신 경이로운 일들이 사람들의 마음속에 꾹꾹 눌러 담겨 있었다. 나귀 타신 예수님이 미소 지으시는 것을 본 순간, 군중의 마음에 찬양을 가득 담아

놓았던 댐이 터지며 큰 환호와 찬양이 터져 나왔다!

그러나 예수님은 아무도 예상하지 못한 행동을 하신다. 폭발적인 찬양의 예배 한 가운데서 예루살렘을 바라보며 눈물을 흘리신 것이다(눅 19:41). 아마 제자들은 예수님을 보며 이렇게 생각했을지도 모른다. "예수님 지금 뭐 하시는 거예요? 드디어 사람들이 다윗처럼 찬양하는데 왜 우세요? 예수님이 우시면 찬양의 분위기가 깨진다고요. 전에는 없던 찬양의 축제가 벌어졌는데 왜 이렇게 슬퍼하시는 거예요? 제발 찬양 예배가 계속될 수 있도록 협조해 주세요. 지금은 기뻐할 때이지 눈물 흘릴 때가 아닙니다!"

그러나 예수님은 예루살렘을 향해 눈물 흘리며 예언하셨다.

42 이르시되 너도 오늘 평화에 관한 일을 알았더라면 좋을 뻔하였거니와 지금 네 눈에 숨겨졌도다. 43 날이 이를지라 네 원수들이 토둔을 쌓고 너를 둘러 사면으로 가두고 44 또 너와 및 그 가운데 있는 네 자식들을 땅에 메어치며 돌 하나도 돌 위에 남기지 아니하리니 이는 네가 보살핌받는 날을 알지 못함을 인함이니라 하시니라. (눅 19:42~44)

제자들은 눈물 흘리시는 예수님을 보고 어찌할 바를 몰랐다. "예수님이 우셔…. 얘들아, 예수님이 우시는데? 우리 이제 어떻게 하지?" 제자들은 예상치 못한 불확실성 때문에 당황했다.

이 폭발적인 예배의 순간에 아무도 예상치 못한 놀라운 요소들을 살펴보자.

■ 사람들은 예수님이 훈련받지 않은 새끼 나귀를 타실 것이라고 예상하지 못했다.

■ 사람들은 예수님이 드러내어 찬양하도록 허락하실 것이라고 예상하지 못했다.

■ 사람들은 자신이 외치지 않으면 돌들이 소리칠 것이라고 예상하지 못했다.

■ 사람들은 찬양 행진을 한창 하는 중에 예수님이 예루살렘을 보고 우시는 모습을 예상하지 못했다.

■ 사람들은 예루살렘에 입성하신 예수님이 성전에서 매매하는 자들을 내쫓으실 것이라고 예상하지 못했다.

■ 사람들은 예수님이 무화과나무를 보시고 열매 맺지 않을 계절에 열매가 없다는 이유로 저주하실 것이라고 예상하지 못했다.

예루살렘 입성 때 드려진 예배가 이렇게 예상치 못한 일로 가득했다면 우리 예배도 예상치 못한 일들로 깜짝 놀랄 준비를 해야 한다. 예수님이 나타나시면 어떤 일이든 일어날 수 있기 때문이다! 예배의 다음 파도에서 이런 일들이 일어날 것이다.

■ 예상치 못한 타이밍

■ 예상치 못한 예배의 방향 전환

■ 예상치 못한 예배의 형태, 변화, 멈춤

■ 누군가는 예배의 최고조를 경험하고 누군가는 예배를 놓침

■ 예상치 못한 예배의 강도

■ 예상치 못한 예배의 메시지와 초점

승리의 입성 순간에 예배의 흐름이 바뀐 것을 알아차리는 방법은 단 한 가지, 예수님의 얼굴을 바라보는 것뿐이었다. 우리가 오직 예수님의 얼굴을 바라볼 때 파도의 움직임을 따라갈 수 있다. 우리는 현대 예배에서 어떻게 성령님의 파도를 따를 것인가? 방법은 같다. 우리 눈을 예수님께 고정해야 한다.

앞으로 수십 년간 예수님은 예배를 우리가 전혀 예상하지 못한 곳으로 이끄실 것이다. 그러므로 다시 한번 강조한다. 눈을 주님께 고정하고 예상치 못한 일을 기대하라. 이제 두 번째 권면으로 나아가자.

하나님이 존귀하게 여기시는 제단

성령님이 일으키시는 바다의 움직임을 읽으려면 하나님이 좋아하시는 제단이 어디에 있는지, 어떤 특징이 있는지 살펴보라. 이제 성경에서 다윗 왕이 하나님께서 존귀하게 여기시는 제단을 특별히 주목한 사건을 보자(대상 21).

사탄이 다윗 왕을 충동하여 이스라엘에서 군대로 모을 수 있는 사람의 수를 파악하고 싶은 마음을 불어 넣었고, 다윗은 교만의 덫

에 빠져 사탄이 준 충동대로 군사의 수를 세기로 결심한다. 그러나 주님은 이 일을 악하게 여기시고 다윗이 세 가지 형벌 중 하나를 선택하게 하신다. 하나님의 세 가지 형벌은 삼 년 기근과 다윗의 군대가 삼 년간 원수에게 패배하는 것과 이스라엘이 삼 일간 하나님의 칼에 심판받는 것이었다. 다윗은 하나님의 자비를 확신했기 때문에 하나님의 칼을 선택한 결과 하나님은 멸하는 천사를 보내셔서 사흘간 전염병으로 7만 명의 이스라엘 사람을 치신다.

우리는 성경에서 이 부분을 읽으면서 다윗이 자기 군인의 수를 세는 데 왜 하나님이 이렇게 강하게 노하셨는지 궁금해한다. 나는 이렇게 생각한다. 하나님은 다윗의 승리가 군대의 힘에 있는 것이 아니라 하나님이 다윗을 위해 싸우셨기 때문임을 반복해서 기억하게 하셨다. 그러나 다윗은 마치 이스라엘 군대의 규모가 자기 구원의 근거인 것처럼 군인의 수를 파악했다. 결국 다윗의 군대는 하나님의 심판으로 오히려 그 규모가 크게 줄었다.

이때 예루살렘에 여부스 사람 오르난이 살았다. 멸하는 천사가 오르난의 타작마당에 이르렀을 때 주님은 천사에게 멸하는 것을 멈추라고 명령하셨다. 진노의 잔이 채워진 것이다. 그리고 주님은 다윗에게 천사가 멈춰 선 오르난의 타작마당에 번제단을 세우라고 지시하신다. 성경은 이 사건을 이렇게 기록한다.

"다윗이 거기서 여호와를 위하여 제단을 쌓고 번제와 화목제를 드려 여호와께 아뢰었더니 여호와께서 하늘에서부터 번제단 위에 불을 내려 응답하시고" (대상 21:26)

성경에서 오직 이 부분에만 하나님이 다윗이 만든 제단에 불로 응답하시는 모습이 나온다. 다윗은 하늘에서 제단 위로 불이 떨어지는 모습을 주의 깊게 지켜보았다. 다윗은 하나님이 이 제단을 좋아하신다는 사실과 이 제단이 단순히 한 번의 제사를 위한 것이 아니라 특별한 의미가 있다는 사실을 깨달았다. 하나님이 특정한 장소를 주목하셨다. 물론 이것은 하나님이 다윗의 죄를 용서하시는 자비를 베푸신 사건이지만 이후에 오는 여러 세대에게 자비가 흘러갈 장소가 어디인지 알려주는 사건이기도 했다.

다윗은 이렇게 고백한다. "이는 여호와 하나님의 성전이요 이는 이스라엘의 번제단이라"(대상 22:1). 다윗은 바로 이곳이 주님의 집이 세워질 장소라는 것을 알았다. 그리고 이 장소에 솔로몬이 성전을 세운다. 다윗은 하나님이 존귀하게 여기시는 제단을 분별했기 때문에 하나님의 계획에 동참할 수 있었다.

다윗이 우리에게 주는 교훈은 하나님이 기뻐하시는 제단, 즉 예배 중에 하나님의 불이 내리는 순간을 분별할 수 있어야 한다는 것이다. 하나님이 예배의 흐름 중에 비범한 성령님의 권능으로 역사하시는 이유는 우리와 비범한 방법으로 소통하시려는 것이므로 우리는 주님께 주의를 기울여야 한다.

예배 중에 나타나는 성령님의 비범한 역사는 우리가 세운 제단(예배)이 어떤 이유로 주님의 마음을 특별하게 움직였다는 것을 보여준다. 만일 우리가 그 순간을 민감하게 포착할 수 있다면 예배 중에 흐르는 성령님의 파도 역시 분별할 수 있다.

또 다른 이야기를 나누어 보자. 한 번은 내가 어느 도시의 여러 교회 예배팀이 함께 진행하는 워크숍에서 말씀을 나눠달라고 초대받았다. 여러 교회 예배팀이 연합해서 이 워크숍의 예배를 섬겼다. 드럼연주자, 키보드 연주자, 일렉 기타 연주자, 베이스 기타 연주자 모두 각자 다른 교회를 섬겼다. 모든 악기 연주자와 싱어가 매우 뛰어난 음악가였지만 이전에 한 번도 이렇게 연합하여 연주하거나 예배를 섬긴 적이 없었다.

예배팀은 예배를 위해 미리 모여서 사전연습을 하고 싶었지만, 주최 측이 허락하지 않았다. 주최 측은 예배팀이 먼저 모여서 교제하며 기도하는 것은 허락했지만 미리 곡 목록을 짜오거나 밴드 연습을 하는 음악적인 사전연습은 허락하지 않았다. 더군다나 워크숍 당일에 예배를 인도하기로 한 형제가 갑자기 아파서 나올 수 없었다. 결국 예배팀은 급히 대신할 예배인도자를 구했는데, 나와 아주 잘 아는 자매였다.

나는 워크숍 당일 아침에 일찍 도착해서 내가 잘 아는 자매가 아침 예배를 인도한다는 소식을 들었다. 갑작스러운 변화 속에서 예배 책임을 맡은 자매는 모임을 시작하기 전에 잠깐이라도 사전연습을 하고 싶었지만 역시나 워크숍 주최자는 사전연습을 허락하지 않았다. 자매는 예배팀과 사전연습을 할 수 없다는 사실에 좌절했다. 나는 우연히 자매가 남편에게 전화로 속상한 마음을 나누는 것을 들었다.

급하게 예배를 인도해야 하는 자매는 짧은 사전연습을 원했지만 주최자는 끝까지 허락하지 않았다. 나는 예배인도자와 예배팀 안에 약간의 불만이 있다는 것을 알았기 때문에 워크숍 오전 예배가 어떻게 흘러갈지 약간의 호기심을 품고 지켜보았다. 과연 이 모임은 어떻게 될 것인가!

나는 조금도 과장하지 않고 그날의 예배를 묘사한다. 워크숍 시간이 되어 예배팀이 첫 번째 곡의 첫 소절을 부르는 순간 예수님이 우리가 모인 장소에 말 그대로 들어오셨다. 나 혼자만 그렇게 느낀 것이 아니라 함께 모인 모든 사람이 주님이 아주 특별한 방식으로 우리와 함께하신다는 것을 알았다. 우리는 예배 시작 3초 만에 땅에서 천국으로 이동했다.

그 순간, 예배인도자의 모든 걱정과 불안감이 순식간에 증발했다. 예수님이 우리와 함께하셨다! 우리가 어떤 노래를 부르는지, 예배팀이 얼마나 세련된 음악을 하는지는 중요하지 않았으며 예수님이 우리와 함께하신다는 사실만으로 영광스럽다는 것을 깨달았다. 그날 아침 예배에서 우리는 주님의 임재 안에서 말로 표현할 수 없는 놀라운 시간을 보냈다.

나는 하나님이 지금 이 제단(예배)을 좋아하시고 기뻐하신다는 것을 느낄 수 있었다. 그 순간 나에게 한 질문이 떠올랐다. '이 제단의 어떤 점이 특별하길래 주님이 이렇게 기뻐하시는 걸까?' 내가 하나님의 뜻을 완벽히 이해하지 못했을지도 모르지만, 우리가 사람의 음악 실력에 의지하지 않은 모습이 하나님을 기쁘시게 한 것 같다. 연주자들의 음악 실력이 매우 뛰어났기 때문에 아주 조금이라도 사전연습을 하면 더욱 공교하고 아름다운 소리를 낼 수 있었다. 하지만 예배팀은 음악적 세련됨과 기교를 자제했으며 강함 대신 약함을, 확신과 자신감 대신 불확실성을 선택했다.

예배팀이 사람의 수단과 방법에 의지하지 않기로 선택했을 때 천국으로 가는 길의 문이 열렸다. 아마도 하나님은 예배팀이 제단을 잘 다듬은 벽돌로 촘촘하게 세우지 않고 흙으로 투박하게 만들어서 더 좋아하셨는지도 모르겠다.

한가지 확실히 하자. 나는 주님이 예배팀의 사전연습을 싫어하신다고 생각하지 않는다. 나는 이미 앞에서 예배 준비가 얼마나 중요한지 충분히 강조했다. 하지만 우리가 타고난 힘과 재능을 갈고닦는 것을 멈추고 성령님의 운행하심에 협력하기 위해 집중해야 할 순간이 있다.

어쩌면 우리는 하나님이 존귀하게 여기시는 제단을 보고 우리가 생각한 것과 달라 깜짝 놀랄지도 모른다. 우리가 전혀 기대하지 않은 순간에 하나님이 불을 내리신다면 우리는 왜 하나님이 역사하시는지 보고 배워야 한다. 우리 목표는 우리가 좋아하는 제단을 찾는 것이 아니라 하나님이 원하시는 제단을 찾는 것이다.

다가올 영광에 참여하려면 하나님이 존귀하게 여기시는 제단, 즉 이전에 경험하지 못한 하나님의 임재가 강력하게 나타나는 예배에 주의를 기울여라. 그러면 바다를 읽는 법을 배우고 성령님이 귀하게 여기시는 파도에 올라탈 수 있을 것이다. 이제 마지막으로 실용적 권면을 나눈다.

영으로 하나님을 섬기기

바울은 로마서에 이렇게 기록했다. "내가 그의 아들의 복음 안에서 내 심령으로 섬기는 하나님이 나의 증인이 되시거니와 항상 내 기도에 쉬지 않고 너희를 말하며"(롬 1:9). 이 구절에서 "내 심 령SPIRIT으로 섬기는"이라는 단어에 집중하자.

바울은 생각과 혼의 영역이 매우 발달한 사람이었다. 쉽게 말하면 바울은 예수님이 마태복음 25장에서 말씀하신 달란트 받은 종의 비유에서 다섯 달란트 받은 종으로 정말 놀라운 능력과 은사와 재능의 '선물 세트'를 받은 사람이었다. 바울은 탁월한 사상가, 부드러운 마음의 소유자, 설득력 있는 소통가, 매력적인 지도자, 체계 구축가, 담대한 위험 감수자, 그리고 놀라운 제자 양육자였다. 바울의 수많은 은사 중 몇 가지만 언급한 것이 이 정도다.

하지만 바울은 자기 재능과 은사, 힘과 능력으로 하나님을 섬기지 않고 영으로 하나님을 섬긴다고 고백했다. 바울이야말로 사역에서 자신의 많은 은사와 재능을 의지하고 싶은 큰 유혹이 있었겠지만, 자기 재능이 아니라 영으로 하나님을 섬기는 데 더 의지를 두고 하나님께 헌신하는 모범이 되었다.

바울과 마찬가지로 연주자와 예배인도자는 우리가 만날 수 있는 가장 재능 넘치는 사람들이다. 음악가들은 다양한 재능이 있어서 악기를 쉽게 배우고 어려운 화음과 코드 진행을 빠르게 터득하며 예배를 인도하면서 화음에 맞추어 노래하고 동시에 악기를 연주한다. 또한 예배 곡을 작곡하며 최신 예배 흐름을 익히고 다양한 음악 장르를 이해하며 회중의 반응을 감지하고 성령님의 인도하심을 따르면서 끝까지 음정을 놓치지 않는다. 예배인도자와 예배팀은 이 모든 일을 많은 사람의 주목을 받으며 해낸다.

하지만 다섯 달란트 받은 사람들도 약점이 있다. 바로 자기 재능을 쉽게 의지한다는 점이다. 강력한 은사와 재능이 있으면 은밀한 곳에서 잠잠히 예수님과 깊은 교제를 누리기보다 자기 강점을 활용하여 앞서가고 싶은 유혹에 쉽게 빠진다. 그러나 사역에는 타고난 재능으로 뚫을 수 없는 한계가 반드시 있으며 하나님 나라의 영원한 목적은 자기 재능만으로는 성취할 수 없다. 우리가 하나님이 주시는 부르심을 성취하려면 우리 재능뿐 아니라 영으로 하나님을 섬기는 법을 배워야 한다.

여기 좋은 소식이 있다. 우리는 타고난 재능의 한계에만 얽매여 살 필요가 없다. 만일 우리가 자기 기술과 재능의 한계 안에서만 살아야 한다면 우리 영향력은 아주 작고 보잘것 없을 것이다. 다시 한번 말하지만, 몇 개의 재능을 받았든지 타고난 재능의 한계 안에서만 살지 말라. 하나님은 우리가 타고난 재능을 뛰어넘어 성령의 파도 위에 올라타서 멀리 나아가기를 원하신다. 자신의 재능에 제한받지 말라.

이제 다섯 달란트 받은 종과 한 달란트 받은 종을 자세히 보자. 먼저 다섯 달란트 받은 종의 예를 살펴볼 것이다.

요셉

요셉은 다섯 달란트 받은, 그야말로 부족함 없는 사람이었다. 요셉은 사람을 다룰 줄 알았고 똑똑했으며 건강했고 사업에 통찰력이 넘쳤으며 카리스마 넘치는 강력한 지도력으로 하는 일마다 성공했다. 만일 하나님이 요셉을 그냥 두셨다면 자연스럽게 자기 재능과 은사에 기대어 살았을 것이다. 그러나 하나님은 요셉이 다섯 달란트를 훨씬 뛰어넘는 영향력으로 살기를 원하셨으며 하나님이 요셉에게 맡기실 영역에서 청지기 역할을 하려면 자신의 재능보다 훨씬 더 깊고 넓은 차원으로 나아가야 했다.

요셉은 어떻게 더 깊고 넓은 영역으로 들어갔을까? 정답은 감옥이다. 하나님은 요셉을 감옥에 넣으시고 모든 재능의 문을 닫아 버리셨다. 감옥에서는 요셉이 보디발의 집에서 청지기로 살면서 갈고 닦은 모든 실력이 아무 쓸모 없었다. 사람을 다루는 능력과 탁월한 사업 기술이 요셉을 감옥에서 빼내 주지 못했다.

요셉은 정말 감옥에서 나가고 싶었을 것이다. 하지만 감옥은 요셉에게 단 한 가지 선택지만 남겼다. "오직 하나님만 붙들어라!" 요셉은 어느 때보다 하나님께 깊이 뿌리를 내렸고 하나님 안에서 완전히 변화되었다. 요셉은 자기 재능으로 감옥에서 탈출하지 않았으며 하나님 안에서 새로운 차원을 발견하여 감옥에서 풀려났다. "만군의 여호와께서 말씀하시되 이는 힘으로 되지 아니하며 능력으로 되지 아니하고 오직 나의 영으로 되느니라"(슥 4:6).

요셉은 자기 재능으로 성취할 수 있는 것보다 훨씬 더 많은 일을 성령님 안에서 성취했다. 애굽의 모든 사람을 구원했으며 열방을 먹였고 자기 가족과 자기 민족이 고센 땅에서 번성하게 했다. 요셉은 성령님의 능력으로 일했기 때문에 자신의 다섯 달란트를 훨씬 뛰어넘었다.

나는 다섯 달란트 받은 연주자와 음악가에게 권면한다. 자기 재능을 믿지 말고 자기 재능에 제한받지 말라. 하나님과의 관계가 더욱 깊어지기를 갈망하며 추구할 때 하나님 나라에서 여러분의 유업이 다섯 달란트로 성취하는 것보다 훨씬 더 클 것이다.

이제 타고난 재능의 한계 속에서 살 필요 없다는 원리를 성경 속 한 달란트 받은 여성의 예로 알아보자.

안나

나는 안나가 한 달란트를 받았다고 생각한다. 성경은 안나가 고등 교육을 받았는지 뛰어난 여성이었는지 등의 정보는 주지 않는다. 아마도 안나는 당시 시대상에 비추어 볼 때 이러한 생각을 했을 것이다. "내가 잘하는 것은 딱 하나야. 좋은 아내와 어머니가 되는 거지." 그러나 안나가 결혼한 지 7년 만에 하나님이 남편을 데려가시자, 안나가 가진 한 달란트를 사용할 기회가 사라졌다.

과부의 삶은 안나를 깊은 구덩이로 떨어트렸다. 아마도 안나는 이렇게 기도하지 않았을까? "하나님, 이해가 안 됩니다. 저는 주님을 사랑했고 주님만 섬겼고 주님 앞에서 흠 없이 살았습니다. 하지만 주님은 제가 원한 모든 것을 빼앗아 가셨어요." 주님의 대답은 참으로 단순했다. "안나야, 더 깊이 들어가라."

안나는 아마 이렇게 대답했을 것이다. "하지만 하나님, 저는 이해할 수 없습니다. 저는 순종과 신실함으로 주님을 따르면서 한 남편의 아내요 자녀들의 어머니로 사는 삶 한 가지를 구했습니다. 그런데 그 한 가지마저 빼앗아 가셨습니다. 저는 주님을 이해할 수 없습니다. 주님은 도대체 어떤 분이십니까?" 여전히 주님의 대답은 한결같았다. "더 깊이, 더 깊이 들어가라."

안나는 슬픔 속에서 절박한 심정으로 그 어느 때보다 더 깊이 하나님 안에 뿌리를 내리기 시작했다. 안나는 성전을 떠나지 않고 금식하며 기도했고 기도와 중보에 자신을 드렸다. 그러던 어느 날 안나는 하나님에게서 한 말씀을 들었다. "메시아!" 안나는 이렇게 반응했을 것이다. "메시아? 이게 무슨 소리지?" 안나의 중보기도는 더욱 깊어졌고, 마치 아기를 출산하는 여인처럼 기도를 통해 산고의 진통을 경험했다.

안나는 중보기도를 통해 메시아를 출산하는 기도를 드렸다. 결국 안나는 때마침 정결 예식을 하기 위해 성전에 온 아기 예수님을 안고 기도하는 시므온의 모습을 보고 와서 기도의 산고로 태어난 메시아를 품에 안았다. 한 아이의 어머니가 되는 삶을 빼앗겼다고 생각한 한 달란트 받은 여인이 수백만의 어머니가 되었다. 안나는 고난과 아픔 속에서 자신의 한 달란트를 뛰어넘는 차원을 발견했다. "이는 힘으로 되지 아니하며 능력으로 되지 아니하고 오직 나의 영으로 되느니라"(슥 4:6).

나는 세상의 모든 한 달란트 받은 사람에게 권면한다. 자기 재능의 한계에 갇혀 살지 말라. 우리가 성령님과 함께 하나님의 마음 깊은 곳에 들어가면 우리 재능으로 할 수 있는 모든 것보다 훨씬 더 많은 일을 할 수 있다.

우리의 영으로 더 깊이 들어가라

예배에서 하나님이 우리를 인도하기를 원하시는 곳은 우리 힘과 재능으로 발견할 수 없다. 왜 그럴까? 그곳은 우리 재능이 아닌 오직 성령님의 능력으로만 발견할 수 있기 때문이다. 하나님의 영과 우리 영이 연결될 때 하나님 나라의 가장 위대한 업적을 성취할 수 있다. 우리가 하나님의 영과 우리 영이 연결되는 차원으로 들어가려면 반드시 영으로 하나님을 섬겨야 한다.

지식이나 감정이 아닌 영으로 건반을 연주하라. 영으로 기타를 연주하라. 영으로 드럼을 연주하라. 영으로 베이스 기타를 연주하라. 영으로 관악기를 연주하라. 영으로 노래하라. 영으로 예언적 노래를 선포하라. 주님은 우리가 악기와 노래로 주님을 섬기도록 도와주셨다. 이제 주님께 우리 영으로 주님을 섬기는 방법을 알려달라고 기도하라. 우리가 기도하면 하나님이 우리에게 응답하신다.

주님은 우리에게 예배의 바다를 읽는 법과 성령님의 파도에서 최적의 지점을 찾고 분별하는 법을 알려주신다. 그러면 우리는 교회에 역사하는 성령님의 파도를 탈 수 있다. 우리 영으로 하나님을 섬길 때 예수님의 이름이 높임 받으시며 아버지 하나님께 영광 돌리고, 교회는 사랑하는 신랑 예수님의 다시 오심을 위하여 단장하게 될 것이다.

주 예수여 어서 오소서!

파도 타는 사람들을 위한 질문

1. 예수님이 예루살렘에 입성하실 때 모든 사람이 기쁨으로 소리쳤지만, 예수님은 눈물을 흘리셨다. 이 이야기에서 무엇을 배웠는가?

2. 예배 중에 하나님의 불을 경험을 한 적이 있는가? 그 경험에서 무엇을 배웠는가?

3. 우리의 영으로 하나님을 섬긴다는 말이 어떤 의미라고 생각하는가?

4. 마치 요셉의 감옥처럼 하나님이 당신 안에 깊은 일을 하신 경험이 있는가?

5. 이 책을 읽으면서 당신이 얻은 가장 가치 있는 교훈은 무엇인가?

NEXT WAVE

WORSHIP IN A NEW ERA

16장

파도를 탈 준비를 하라

이 새로운 시대에 우리는 성령님이 보내실 예배의 다음 파도를 위해 스스로 준비해야 한다. 이 책을 통해 어떻게 다가올 영광의 파도 속에서 주님과 동역하는 예배자가 될 수 있는지 살펴보았다. 지금까지 나눈 내용 중에 중요한 부분을 다시 한번 정리하자.

우리는 여러 장에 걸쳐 하나님이 지난 60년간 예배 운동을 어떻게 이끄셨는지 살펴보았다. 우리는 오늘날 지난 수십 년에 걸쳐 성장한 예배 운동의 정점에 서 있다. 우리가 잠시 멈춰서 뒤를 돌아보면 앞으로 갈 길이 더욱 명확해진다. 하나님은 어제의 예배에 내일의 예배를 더욱더 강하게 만드는 선물을 주셨다.

우리는 현대 교회의 예배를 보며 감사하고 기뻐하지만 동시에 계속 발전하기를 원한다. 만일 우리가 "재생목록 예배"에 갇혀 있다고 느낀다면, 당신만 그렇게 느끼는 것이 아니라 많은 사람이 같은 문제로 고민하고 있다. 아무리 교회 현장에 나와서 예배해도 "재생목록 예배"의 틀 안에서 예배한다면 집에서 온라인 중계로 예배하는 것과 큰 차이가 없다.

나는 앞서 현대 교회의 예배가 주일 아침 4곡의 찬양을 부르는 1960년대의 예배로 돌아가 버린 현상을 지적했다. 재생목록 예배는 결코 하나님이 의도하신 예배가 아니다. 하나님이 원하시는 회중 예배는 신랑과 신부 사이의 생명력 넘치며 유기적이고 살아 있는 사랑으로 가득한 예배여야 한다. 성령님의 호흡을 재생목록으로 제한하지 말라.

주님의 임재는 특별하다. 우리가 함께 모여야 특별한 주님의 임재를 경험할 수 있다. 함께 모여서 드리는 예배에 주님의 임재가 매우 강력하게 나타난 결과, 집에서 온라인 실황 중계로 예배하는 사람들에게 이렇게 말할 수 있기를 바란다. "당신은 정말 귀중한 것을 놓쳤어요!" 임재 예배^{PRESENCE WORSHIP}는 미래의 파도이다.

이 책에서 나는 예배를 파도타기에 비유했다. 파도에 올라타려면 파도를 맞이할 수 있는 올바른 지점에 있어야 한다. 또한 물에 뛰어들기 전까지는 파도타기를 배울 수 없다. 일단 물에 들어가야 하나님이 일으키시는 파도의 움직임을 읽을 수 있다. 예배의 바다에서 성령님이 일으키시는 파도의 움직임을 읽으려면 그리스도의 얼굴에 시선을 고정해야 한다.

하나님의 임재는 기계처럼 정해진 대로 작동하지 않는다. 임재는 사람의 방법으로 역사하지 않으며 오직 살아 숨 쉬는 예배자를 통해서만 역사한다. 다윗이 사용한 블레셋의 수레는 회중 예배에서 인위적인 방법으로 하나님의 임재를 일으키려는 모든 인위적인 수단과 노력을 상징한다. 예배의 다음 파도는 인위적인 방법이 아닌 하늘의 추진력으로만 일어날 것이다.

예배는 인간의 기술이라는 끌로 정교하게 다듬어서 드리는 것이 아니라 흙처럼 소박한 것으로 드려야 한다.

레위인이 주님의 임재를 상징하는 법궤를 옮길 때 어깨에 메어 운반함으로써 예배 인도는 결코 가벼운 일이 아니며 책임과 수고가 필요한 일임을 보여주었다. 예배인도자는 예배자들을 하나님의 마음으로 인도하는 목자들이다. 예배인도자가 하나님의 임재를 어떻게 짊어지는가에 따라 예배실에는 하나님을 만날 수도 있고 혹은 만나지 못할 수도 있는 예배자들이 있다. 그래서 예배인도자들은 종종 속도를 늦출 필요가 있다.

예배사역의 가장 중요한 목적은 회중의 노래를 풀어내는 것이다. 예배의 다음 파도에서 예배인도자의 실력은 음악적 탁월함이 아니라 회중의 노래를 얼마나 잘 풀어내는가로 측정할 것이다. 예배인도자의 목표는 무대나 강단 위에서 모닥불을 지피는 것이 아니라 회중 안에 거대한 산불을 일으키는 것이다.

우리가 예배에서 회중의 노래를 잃어버린 이유는 1970년대에 발견한 "성령 안에서 노래하기"라는 선물이 훼손되도록 내버려 두었기 때문이다. 우리는 하나님이 1970~80년대의 예배 운동에서 우리에게 허락하신 "성령 안에서 노래하기"라는 소중한 선물을 반드시 회복해야 한다. 우리는 구경꾼이 아닌 예배자가 되기를 원한다. 다시 한번, 우리는 회중이 노래 너머의 노래를 부르도록 가르치고 도와야 한다.

회중의 노래를 어떻게 하면 자유롭게 풀어낼 수 있을까? 기독교 역사를 살펴보면 하나님의 부흥이 일어날 때마다 회중의 노래가 회복되었다. 기사와 표적과 권능으로 하나님의 부흥이 일어날 때 회중의 노래가 다시 터져 나올 것이다. 예배의 다음 파도에서 치유와 기사와 표적과 권능으로 하나님이 역사하실 때 시편 89:15의 즐겁게 소리치는 사람들의 노래가 터져 나올 것이다.

우리는 하나님의 어린양이 모든 예배의 중심이심을 함께 보았다. 예배의 다음 파도의 중심은 십자가이다. 십자가는 모든 예배의 근원이다. 앞으로 우리 예배에서 성찬이 더욱 강조될 것이다. 따라서 예배의 혁신은 그리스도의 십자가만을 더욱 간절히 붙들 때 이루어진다. 옛적 길을 걷지 않으면 다가올 진정한 새것을 분별할 수 없다.

이제 예배사역을 단순히 노래하는 것 이상으로 전진하게 하는 새로운 파도가 몰려오고 있다. 회중 전체가 성경 말씀으로 노래하는 모습을 떠올려 보라. 우리 예배의 표현은 어느 한쪽으로 치우치지 않고 시와 찬송과 신령한 노래의 다양한 모습을 고르게 표현해야 한다. 또한 예배의 다음 파도에서 교회는 자유롭게 시와 찬송과 신령한 노래 사이를 오가는 즉흥적인 예배의 영광을 경험할 것이다.

즉흥적으로 예배하려면 이전보다 더 많이 준비해야 한다.

나는 이 책에서 연을 비유로 우리가 진리에 더 깊이 들어갈수록 영 안에서 더 높이 날아오를 수 있다고 설명했다.

우리는 다윗 왕에게 충만했던 옛적 시편 기자의 기름부음을 살펴보았다. 말씀에 몰입하여 푹 잠길 때 시편 기자의 기름부음이 증가한다. 말씀을 노래하는 것은 시편 기자들이 걸어온 옛적 길이다. 시편 기자의 가장 강력한 기름부음은 무대나 강단 위가 아닌 주님과의 은밀한 골방에서 나온다.

예배인도자들이여 기억하라. 때로는 주님이 직접 여러분의 마음을 아프게 하실 때가 있다. 혹은 무대나 강단이 여러분을 힘들게 하고 상처를 줄 때도 있다. 어떤 이유이든 주님 앞에 흘리는 눈물을 무시하지 말라. 눈물은 우리 마음을 부드럽게 하며 주님을 바라보는 눈을 맑게 한다.

나는 14장에서 다가올 영광을 설명했다. 우리는 하나님의 임재를 사모하지만, 하나님의 영광을 경험하기 전까지는 온전한 만족을 누릴 수 없다. 우리 마음과 삶에 하나님의 영광을 위한 자리를 마련해야 한다.

예배에서 예상하지 못한 순간을 기대하라. 하나님이 귀하게 여기시고 기뻐하시는 제단을 주목하고 배울 것이 있다면 배워라. 마지막으로 당신의 영으로 하나님을 섬겨라.

이 책이 우리 예배사역의 향후 10년을 준비하는 데 도움이 되기를 소망한다. 예배의 새로운 시대가 가까이 다가왔다. 하나님은 마지막 때에 바다의 물결을 읽고 성령님이 일으키시는 파도에 올라탈 젊은 시편 기자들을 부르신다.

세례 요한의 생활방식을 따라 사는 사람들은 비둘기 같은 성령님에게서 하나님이 이 시대에 어떻게 역사하시는지 깨닫고 분별하는 특별한 은혜를 받을 것이다. **예배의 다음 파도가 몰려온다!**

NEXT WAVE
WORSHIP IN A NEW ERA

밥 소르기

밥 소르기 목사는 기름부음 넘치는 예배인도자이며 손꼽히는 예배 세미나 강사이자 탁월한 피아노 연주가이다. 엘림 성경 학교[ELIM BIBLE INSTIUTE]와 로체스터에 있는 로버트 웨슬리안 칼리지를 졸업했으며 엘림 성경 학교의 음악 감독을 지냈고, 뉴욕 시온 펠로우십[ZION FELLOSHIP] 교회에서 13년 동안 담임목사로 사역했다.

목회와 예배 사역에서 활발히 활동하던 1992년 5월의 어느 금요일, 밥은 사역을 마치고 집에 돌아오는 길에 복에 구슬이 걸린 것 같은 극심한 통증을 느낀다. 의사는 '후두 접촉성 육아종'이라는 진단을 내렸고, 이 낯선 이름의 병 때문에 성량의 대부분을 잃고 더 이상 예배인도와 설교 사역이 불가능한, 삶의 기반이 모두 무너지는 경험을 한다.

밥 소르기 목사는 불같은 시련의 과정을 거친 후 하나님과 회중 앞에서 바울처럼 '고난받은 것이 내게 유익이라'라는 속사람의 고백을 드림과 아울러 더 깊은 믿음의 차원으로 나아갈 수 있었다. 목소리를 잃고 20년이 흐르는 동안 계속해서 전 세계를 여행하며 약한 성대로 찬양과 말씀을 전하며, 성경을 깊이 묵상하고 연구하며 책을 쓰는 사역에 매진하였다.

부흥을 향한 열정과 예수님을 향한 개인적 친밀함을 전파하는 밥 소르기 목사의 책들은 예배사역자들에게 필독서로 꼽힌다. 저서로는 《찬양으로 가슴 벅찬 예배》, 《내 영이 마르지 않는 연습》, 《하나님의 불같은 사랑》, 《하나님의 징계》 등이 있다.

밥과 아내 마시는 3명의 자녀와 6명의 손주와 함께 미주리주 캔자스시에 살면서 그리스도의 몸 된 교회에 소망을 나누기 위해 국내외를 여행하며 하나님의 말씀을 전하고 있다.

YouTube.com/bobsorge

인스타그램: bob.sorge

사이트: www.oasishouse.com

블로그: bobsorge.com

트위터: twitter.com/BOBSORGE

페이스북: facebook.com/BobSorgeMinistry

밥 소르기 출간 도서

《찬양으로 가슴 벅찬 예배》두란노

《하나님의 불같은 사랑》벧엘북스

《잊혀진 교리, 하나님의 징계》벧엘북스

《주의 임재의 강으로 뛰어들라》벧엘북스, 출간 예정

《눈의 언약》샬롬서원

《시기심》샬롬서원

《THE CROSS 십자가》샬롬서원

《칭찬의 유혹》샬롬서원

《욥기》샬롬서원

《돌파하는 믿음》스텝스톤

《영광》예영커뮤니케이션

《불굴의 기도》예수전도단

《내 영이 마르지 않는 연습》예수전도단

《기도 응답의 지연이 주는 축복》은혜 출판사

《부부 문제로 꼼짝 못 하는 사람들에게》규장

《기도하고 싶은데 기도를 어떻게 시작해야 할지 모를 때》규장

승리의 종말론 / 값 16,000원

주님의 몸 된 교회는 계속해서 주님의 영광을 향해 성장하며
더욱 더 연합되어 이전에 보지 못한 하나님의 권능을 나타내고,
사탄은 결단코 이 세상을 장악하지 못할 것이다.
우리 주 예수 그리스도께서 만주의 주, 만왕의 왕으로서
모든 대적을 그 발아래 굴복시키실 것이다!

더 리셋 / 값 11,500원

-예배의 마음과 온전한 헌신의 삶으로 돌아가라-
"더 리셋"은 주님의 기도의 집이 순수한 예배를 회복하고
다시 한번 주님의 충만한 영광과 경이롭고 놀라운 주님의
마음을 경험하도록 돕는다.

다윗의 세대 / 값 10,000원

다윗의 세대는 마지막 때에 성령님께서 기름부으신 예배자요
영적 용사의 세대이며 여호수아 세대가 시작한 하나님의 일을
완성하는 세대이다. 저자는 8개의 주제를 통해 다윗의 세대의
특징을 효과적으로 설명한다.

예언적 예배의 능력 / 값 9,000원

하나님 앞에 예언적 예배로 나아가려면 성령님과 친밀한 관계를
유지해야 하며, 성령님은 모든 예배마다 독특한 흐름으로 우리를
인도하신다. 성령님의 인도하심과 지휘를 따라갈 때 우리 삶에
하나님의 임재를 통한 성장과 성숙의 축복이 임한다.

지성소 / 값 10,000원

성령님께서 지금 이 시간 그리스도의 거룩한 신부들이 지성소로
들어가도록 부르신다. 하나님께서 가장 높고 은밀한 지성소에서
천국의 사명과 계시, 하나님의 뜻과 거룩한 부르심을 주시고,
이것을 성취할 수 있는 권능을 주신다!

중보적 예배 / 값 13,500원

우리가 예배와 중보기도를 음악과 하나로 모을 때, 이 땅 위에
하나님의 계획과 목적이 더 충만하게 나타날 것이다. 이 책은
깊은 예배와 강력한 기도와 탁월한 음악의 능력이
함께 어우러지도록 돕는다.

참된 예배자의 마음 / 값 8,500원

이 책의 저자 켄트 헨리는 지난 40년간 예배를 인도하고
예배자를 훈련하는 일에 헌신해왔다.
이 책을 통해 참된 예배자의 마음을 더 깊이알고 살아가게 될
것이다.

하나님의 임재를 갈망하는 예배자 / 값 10,000원

샘 힌 목사는 어떻게 예배를 통해 하나님의 임재 안으로
들어갈 수 있는지 친절하게 알려 준다. 예배 가운데 주님게 초점을
맞추고 하나님의 영광과 은혜로 자기 자신을 보기 시작할 때,
당신은 가장 놀라운 변화를 경험하게 될 것이다.

예배의 다음 파도: 다가올 미래의 예배를 준비하라

지 은 이 : 밥 소르기
옮 긴 이 : 임재승
표　　지 : 조종민
교　　정 : 정인진

펴 낸 이 : 한성진
펴 낸 날 : 2023년 6월 12일
펴 낸 곳 : 벤엘북스 Bethel Books
등　　록 : 2008년 3월 19일 제 25100-2008-000011호
주　　소 : 서울시 강남구 봉은사로 71길 31 한나빌딩 지층

웹사이트 : www.facebook.com/BBOOKS2 또는 벤엘북스로 검색
도서문의 : 010-9897-4969
총　　판 : 비전북 031-907-3927
I S B N : 978-89-94642-40-6(03230)

NEXT WAVE